W0218582

PAPA FRANCESCO

con Fabio Marchese Ragona

LIFE

La mia storia nella Storia

HarperCollins

ISBN 979-12-5985-322-6

© 2024 Fabio Marchese Ragona

Pubblicato in accordo con
Delia Agenzia Letteraria

Tutti i diritti sono riservati incluso il diritto
di riproduzione integrale o parziale in qualsiasi forma.

Cover design: Marcello Dolcini
Layout design: Netphilo Publishing, Milano

L'Editore ringrazia tutti coloro che hanno collaborato,
e rimane a disposizione degli eventuali aventi diritto
con i quali non è stato oggettivamente possibile comunicare.

© 2024 HarperCollins Italia S.p.A., Milano
Prima edizione HarperCollins
marzo 2024

FSC
www.fsc.org
MISTO
Carta da fonti gestite
in maniera responsabile
FSC® C005461

Questo libro è prodotto con carta FSC certificata e da fonti controllate con un sistema
di controllo di parte terza indipendente per garantire una gestione forestale responsabile.

INTRODUZIONE

Impariamo dalla Storia, soprattutto dalle pagine nere della Storia, per non commettere più gli errori del passato: Papa Francesco questo invito lo ha ripetuto molte volte negli ultimi tempi, sottolineando l'alto valore che la memoria ricopre nella vita di ogni uomo, tanto da esserne la cornice più preziosa. Dobbiamo imparare la storia studiandola sui libri, certo, ma anche ascoltandola dalla viva voce di quelle persone che hanno vissuto momenti indimenticabili, nel bene o nel male, da chi ha vissuto una lunga vita, da chi ha incontrato il Signore in molti eventi della propria esistenza e può testimoniare ciò che ha visto in prima persona.

Nel libro dell'Esodo, al capitolo 10, versetto 2, Dio invi-

ta Mosè a compiere dei segni prodigiosi davanti al faraone: «Perché tu possa raccontare e fissare nella memoria». L'obiettivo è certamente quello di sorprendere e convincere il re d'Egitto, ma anche di coltivare la memoria del suo popolo, trasmettendo la sua conoscenza di Dio che il credente comunica raccontando la propria vita.

Così facendo, chi narra una storia renderà un servizio a chi ha fame di sapere e metterà in guardia soprattutto i più giovani su ciò che potrebbe aspettarli lungo il loro cammino: raccontare ciò che è stato per capire meglio ciò che sarà.

Non a caso, nel messaggio per la Giornata mondiale delle comunicazioni sociali del 2020, il Papa ha evidenziato che l'uomo è un essere narrante, che «fin da piccoli abbiamo fame di storie come abbiamo fame di cibo. Che siano in forma di fiabe, di romanzi, di film, di canzoni, di notizie... le storie influenzano la nostra vita, anche se non ne siamo consapevoli».

Il libro che avete tra le mani nasce proprio con l'intento di raccontare la Storia attraverso una storia, i fatti più importanti del Novecento e dei primi decenni del Duemila attraverso la voce di un testimone speciale, Papa Francesco, che con grande disponibilità ha accettato di ripercorrere la propria vita attraverso gli eventi che hanno segnato l'umanità.

Life ha visto la luce dopo una serie di conversazioni tra il Pontefice, a cui va il più grande e sentito ringraziamento per la fiducia che ancora una volta ha riposto nella mia persona, e chi scrive: colloqui durante i quali Francesco ha aperto la porta del suo cuore e dei suoi ricordi per lanciare dei forti messaggi su temi fondamentali come la fede, la famiglia, la povertà, il dialogo interreligioso, lo sport, il progresso scientifico, la pace e molti altri ancora. Dallo scoppio della Seconda guerra mondiale – nel 1939, quando il futuro Pontefice aveva quasi tre anni – fino ai giorni nostri, Jorge Mario Bergoglio prende per mano le lettrici e i lettori accompagnandoli con i suoi ricordi lungo un viaggio straordinario attraverso i decenni, per ripercorrere le tappe più significative dei nostri tempi. Dov'era il giovane Jorge nel 1969, mentre il mondo seguiva la cronaca dello sbarco sulla Luna? Cosa stava facendo il cardinale Bergoglio mentre nel 2001 gli Stati Uniti d'America subivano l'attacco dei terroristi?

Memorie di un pastore che narra gli anni dell'abominevole sterminio nazista degli ebrei, dell'atomica su Hiroshima e Nagasaki, il golpe di Videla in Argentina, il crollo del Muro di Berlino, la grande recessione economica, le dimissioni di Papa Benedetto XVI. Eventi che s'intrecciano con la vita del Papa *callejero* – il "Papa della strada" – che ecce-

zionalmente riapre lo scrigno dei suoi ricordi per raccontare, con la schiettezza che lo contraddistingue, quei momenti che hanno cambiato il mondo e anche la sua vita.

La voce del Pontefice, con le sue memorie, si alterna a quella di un narratore che in ogni capitolo ricostruisce, attraverso sfumature di quegli anni, alcuni momenti della vita quotidiana del futuro Papa Francesco per contestualizzare le sue parole e descrivere lo scenario storico in cui si inseriscono.

«La nostra vita è il libro più prezioso che ci è stato consegnato» ha detto il Pontefice durante un ciclo di catechesi tenuto nel 2022 e dedicato al tema del discernimento, «è un libro che tanti purtroppo non leggono, oppure lo fanno troppo tardi, prima di morire. Eppure, proprio in quel libro si trova quello che si cerca inutilmente per altre vie. [...] Possiamo chiederci: ho mai raccontato a qualcuno la mia vita? [...] Si tratta di una delle forme di comunicazione più belle e intime, raccontare la propria vita. Essa permette di scoprire cose fino a quel momento sconosciute, piccole e semplici, ma, come dice il Vangelo, è proprio dalle piccole cose che nascono le cose grandi.»

E così, sfogliando nuovamente le pagine di quel prezioso libro che è la vita, Papa Francesco ci condurrà lungo un sen-

tiero fatto di emozioni, di gioie e di dolori, una finestra sul passato che ci permetterà di conoscere meglio il nostro presente. Fino all'ultimo capitolo, con una storia ancora tutta da scrivere.

Fabio Marchese Ragona

I

L'INIZIO DELLA SECONDA GUERRA MONDIALE

La radio sta trasmettendo come tutte le mattine il bollettino con le ultime notizie. Mario Bergoglio è solito accenderla prima di andare al lavoro, mentre nella piccola cucina prepara il caffè. Il pavimento è ancora in parte bagnato: sua moglie Regina ha già passato lo straccio, approfittando di un piccolo momento di tranquillità. Il profumo e il gusto di quella bevanda scura e fumante ricordano a Mario l'Italia e la sua infanzia a Portacomaro, vicino ad Asti, un po' come accadeva in Dalla parte di Swann *a Marcel Proust che, inzuppando la madeleine nel tè, ricordava i suoi giorni da bambino con la zia Léonie. Quel nostalgico, quanto intimo, ricordo di Mario è disturbato, però, dal pianto del pic-*

colo Oscar, il suo secondogenito, che non sta dando tregua a tutto il vicinato.

Al radiogiornale delle sette, in sottofondo, si sentono principalmente notizie di politica: c'è una nuova dichiarazione del presidente Roberto Ortiz riguardante la Commissione speciale per la ricerca di attività antiargentine, che sarà istituita in quegli anni con lo scopo di denazificare il Paese, mentre si prevedono, per la giornata, nuove agitazioni del movimento operaio, organizzato nella Confederación General del Trabajo. In quel settembre del 1939, nelle principali città argentine si vivono sentimenti contrastanti: il Terzo Reich è riuscito a infiltrarsi in alcune frange della società, e persino in alcune radio, a volte, filtrano messaggi che inneggiano alla grandezza della Germania di Adolf Hitler.

Dopo aver bevuto velocemente il caffè e prima di uscire da quella casetta colorata, il suo nido familiare costruito al numero 531 di via Membrillar nel barrio di Flores, Mario saluta con un bacio la sua Regina che nel frattempo ha già preso in braccio il piccolo, un anno e otto mesi, per tranquillizzarlo. L'altro bimbo della giovane coppia, Jorge, quasi tre anni, è invece pronto per uscire: tra qualche minuto arriverà nonna Rosa, la mamma di Mario, che abita a pochi metri, per portarlo a casa sua, dove il bambino trascorrerà la giornata. Una tradizione che si ripete quasi tutti i giorni: è un modo, questo, per dare un aiuto e un sostegno alla nuora, presa dalle mille faccende domestiche e soprattutto impegnata a prendersi cura di Oscar.

Mario, dopo aver dato un bacio anche ai suoi bimbi, è ormai vicino alla porta ma, insieme alla moglie, in un raro momento di silenzio, viene improvvisamente colpito da una notizia del radiogiornale, comunicata tra gli aggiornamenti delle cronache estere: il primo ministro britannico Chamberlain annuncia che la sua nazione è in guerra contro la Germania nazista; il suo ultimatum, presentato poche ore prima e che ha fatto seguito all'invasione e ai bombardamenti della Wehrmacht ai danni della Polonia, è rimasto inascoltato.

È l'inizio della Seconda guerra mondiale. Ma questo, soprattutto in Sud America, non è ancora stato percepito. Una notizia come le altre in Argentina, diffusa quasi alla fine della trasmissione, prima dell'intervallo musicale, ma che ha inaspettatamente sconvolto quella coppia di italoargentini. Il loro primo pensiero vola subito verso i cugini e gli altri parenti che vivono in Europa, mentre li assale il ricordo dei terribili racconti sentiti mille volte sulla Prima guerra mondiale, con il padre di Mario, Giovanni, che aveva combattuto al fronte. Quegli attimi di tristezza e preoccupazione svaniscono però pochi secondi dopo. Due colpi alla porta, dati con vigore: è arrivata nonna Rosa, e quel rumore improvviso ha fatto zittire finalmente anche Oscar, per la gioia di tutti. Jorge, vedendo entrare la nonna, le corre incontro per farsi prendere in braccio.

Che grande donna, le volevo tanto bene! La mia nonna paterna è stata una figura fondamentale per la mia crescita e la mia formazione. Abitava a nemmeno cinquanta metri da casa nostra e con lei trascorrevo intere giornate: mi faceva giocare, mi cantava le canzoni di quando era ragazza, la sentivo spesso discutere con il nonno in piemontese, così ho avuto anche il privilegio di conoscere e imparare la lingua dei loro ricordi. Altre volte, se doveva uscire, andavo con lei dalle vicine: facevano lunghe, lunghe chiacchierate e bevevano il *mate*. Oppure mi portava a fare delle commissioni nel quartiere e di sera, poi, mi riaccompagnava da mamma e papà, non prima però di avermi fatto recitare le preghiere: è stata lei, infatti, a darmi il primo annuncio cristiano, a insegnarmi a pregare e a parlarmi di questa grande figura che ancora non conoscevo: Gesù.

Non a caso, è stata proprio nonna Rosa la mia madrina di battesimo insieme a nonno Francesco, il nonno materno. A celebrare e ad amministrarmi il primo sacramento fu invece don Enrico Pozzoli, un bravo missionario salesiano, originario della provincia di Lodi, in Lombardia, che nonno Giovanni aveva conosciuto a Torino. Era stato sempre lui a sposare i miei genitori: papà e mamma si erano conosciuti in oratorio dai salesiani in Argentina e da allora don Enrico è sempre stato una figura fondamentale per la nostra famiglia e per la mia vocazione sacerdotale.

Tornando ai miei momenti con la nonna, a quel tempo avevo quasi tre anni, ero davvero piccolo, e quindi non è facile rivivere quei giorni del 1939 in cui la cattiveria umana fece scoppiare la Seconda guerra mondiale. Ho dei ricordi simili a dei flash, con degli spaccati della nostra vita di tutti i giorni: la radio in casa era un sottofondo costante; l'accendeva papà già dalla mattina e con la mamma ascoltavano la radio di Stato, che all'epoca si chiamava Estación de Radiodifusión del Estado (LRA 1); poi c'erano Radio Belgrano, Radio Rivadavia e tutte davano giornalmente dei bollettini sul conflitto. La mamma si sintonizzava anche il sabato pomeriggio, a partire dalle due, per far ascoltare l'opera a noi bambini: ricordo che, prima che iniziasse, ci raccontava un po' la trama. Quando c'era un'aria particolarmente bella, o un momento clou della vicenda, cercava di richiamare la nostra attenzione; devo ammettere che ci distraevamo spesso, dopotutto eravamo piccoli! Per esempio, durante l'*Otello* di Verdi, la mamma ci diceva: «Ascoltate con attenzione, ora ammazza Desdemona nel letto!». E noi rimanevamo zitti, curiosi di sentire ciò che accadeva.

Tornando alla guerra, dalle nostre parti quella cupa atmosfera non si percepiva tanto, perché eravamo molto lontani rispetto al resto del mondo, dove si giocavano i destini dell'umanità. Posso però dire che, a differenza di tanti altri argentini, io ho conosciuto la Seconda guerra mondiale perché in casa se ne parlava: dall'Italia arrivavano, seppur con un ritardo di circa un mese, le lettere *aperte* dei nostri parenti che ci raccontavano cosa stava succedendo. Erano loro a darci le notizie sulla guerra in Europa. Utilizzo la parola *aperte* perché la posta veniva controllata dalle autorità militari: le missive venivano lette e poi richiuse, e sulla busta apponevano un timbro con la scritta CENSURA.

Ricordo che la mamma, il papà, la nonna leggevano ad alta voce questi racconti che certamente mi son rimasti impressi. In una di queste lettere ci riferivano, per esempio, che la mattina alcune donne del paese che loro conoscevano andavano a Bricco Marmorito, non lontano da Portacomaro Stazione, per controllare se ci fossero delle ispezioni militari in arrivo: i loro mariti non erano andati in guerra, erano rimasti sul Bricco a lavorare e questo, ovviamente, non era permesso. Se le mogli avessero indossato qualcosa di rosso, allora gli uomini sarebbero dovuti scappare via per nascondersi. Indumenti bianchi invece segnalavano che non c'erano pattuglie nei dintorni e quindi gli uomini avrebbero potuto continuare a lavorare.

Ma questo è solo un esempio per dare un'idea di come si viveva in quegli anni! Quanta morte! Quanta distruzione! Quanti ragazzi mandati al fronte a morire! E anche se è successo più di ottant'anni fa, non bisogna mai dimenticare quei momenti che hanno stravolto la vita di tante famiglie innocenti. La guerra ti mangia dentro, lo vedi negli occhi dei più piccoli, che non hanno più la gioia nel cuore, ma soltanto paura e lacrime. I bambini e le bambine, pensiamo a loro! Pensiamo a quelli che non hanno mai sentito l'odore della pace, che sono nati già in tempo di guerra e che vivranno con questo trauma, portandoselo dentro per il resto della vita. E noi, cosa possiamo fare per loro? Dovremmo domandarcelo e domandarci quale sia la strada per la pace, la via per assicurare un futuro a questi piccoli.

Io, che al tempo della Seconda guerra mondiale c'ero ed ero un bambino come loro, sono stato fortunato perché in Argentina questa tragedia non è arrivata come altrove. C'è stata però qualche battaglia navale: una delle poche cose che ricordo, anche perché quando ero un po' più grande i miei genitori me ne hanno parlato, è un episodio accaduto proprio il giorno del mio terzo compleanno. Era il 17 dicembre del 1939 e si sentiva alla radio di una nave da guerra tedesca, l'*Admiral Graf Spee*, che era stata accerchiata e gravemente danneggiata dalle navi inglesi, nei pressi della foce del Río de La Plata. Nonostante l'ordine di Hitler di continuare a combattere, il comandante Langsdorff decise insieme ai suoi ufficiali di autoaffondare la nave, trasferendosi con l'equipaggio su delle imbarcazioni dirette a Buenos Aires. In pratica si consegnò. Qualche giorno dopo il comandante si suicidò, avvolto nella bandiera della Marina tedesca in uso durante la Prima guerra mondiale. Gli altri uomini furono invece internati nel Paese e mandati nella provincia di Córdoba o di Santa Fe. Ho conosciuto il figlio di uno di questi soldati, una brava persona che poi si è sposata e ha creato una famiglia in Argentina.

Insomma, ho saputo in questo modo della tragedia della Seconda guerra mondiale e poi qualche anno dopo, quando avevo già una decina d'anni, l'ho incontrata anche grazie al cinema: i genitori ci portavano nel cinema di quartiere a vedere i film del dopoguerra. Li ho visti tutti. Ricordo in particolare *Roma città aperta* di Roberto Rossellini, con Anna Magnani e Aldo Fabrizi: un capolavoro. Ma anche *Paisà* o *Germania anno zero*, o ancora *I bambini ci guardano* di Vittorio De Sica del 1943. Sono film che hanno formato le nostre coscienze e ci hanno aiutati a capire gli effetti devastanti di quel conflitto.

Altra cosa invece è *La strada* di Federico Fellini, il film che forse ho amato di più e che ho visto quando ero già più grande: non c'entra con la guerra, ma mi piace citarlo perché con questa pellicola il regista ha saputo puntare i riflettori sugli ultimi, come Gelsomina, invitando lo spettatore a preservare il loro prezioso sguardo sulla realtà.

Tornando alla follia della guerra, il cui unico piano di sviluppo è la distruzione, mi viene da pensare all'ambizione, alla fame di potere, alla cupidigia di chi scatena i conflitti. Dietro non c'è solo un'ideologia, che è una falsa giustificazione; dietro c'è un impulso distorto, perché in quei momenti non si guarda più in faccia a nessuno: vecchi, bambini, mamme, papà. In particolare, la Seconda guerra mondiale è stata ancora più crudele della Prima, che combatté anche mio nonno Giovanni Bergoglio, sul Piave. E proprio lui, quando ero in casa dai nonni, raccontava tante storie davvero dolorose. Tanti morti, tante case distrutte, persino le chiese. Che tragedia! E mi raccontava che con i commilitoni al fronte cantavano:

Il general Cadorna ha scritto alla regina:
«Se vuoi veder Trieste te la mando in cartolina».
Bom bom bom
al rombo del cannon...

La Seconda guerra mondiale, però, mi è stata raccontata da bambino anche dai tanti migranti che sono venuti a Buenos Aires dopo essere fuggiti dalle loro terre invase dai nazisti. Ma ci arriviamo tra poco.

Jorge non capisce ancora il dramma di quel conflitto mondiale, ha soltanto tre anni. Nella sua innocenza non comprende la sofferenza di tante famiglie, costrette a fuggire per salvarsi la vita. Ma trascorrendo le sue giornate a casa dei nonni e sentendo le loro discussioni in piemontese, piano piano si rende conto che anche loro, sebbene per altri motivi, sono arrivati da un posto lontano: l'Italia, dove c'è ancora un pezzo di famiglia che da lì invia ai cugini notizie della guerra in corso.

Giovanni, infatti, insieme alla moglie Rosa e al figlio Mario – la prima aveva lavorato come sarta ed era stata impegnata in prima linea nell'Azione Cattolica, il secondo aveva una ventina d'anni, un diploma in ragioneria e lavorava nella filiale di Asti della Banca d'Italia – alla fine degli anni Venti, dopo un duro periodo di ristrettezze economiche, aveva deciso di raggiungere tre dei sei fratelli emigrati in Argentina, nella provincia di Entre Ríos. Qui i Bergoglio avevano fatto fortuna grazie alla loro azienda di pavimentazioni a Paraná. Il sogno di una vita nel Nuovo Mondo, però, era svanito presto. Nel 1932, a causa della recessione economica innescata dalla grande crisi del '29, l'azienda era stata costretta a chiudere i battenti: Giovanni e Rosa, con il giovane figlio Mario, che intanto era stato assunto come contabile in quell'azienda di famiglia, si erano dovuti trasferire a Buenos Aires in cerca di un nuovo inizio. Grazie a un piccolo prestito di duemila pesos, avevano comprato un magazzino nel barrio di Flores, il quartiere popolare dove finalmente erano riusciti a mettere radici.

Il piccolo Jorge chiede continuamente a nonna Rosa di raccontargli la lunga traversata in transatlantico, il Giulio Cesare, salpato da Genova e giunto nel porto di Buenos Aires il 15 febbraio del 1929, dopo due settimane di viaggio. E lei, armata di pazienza, seduta davanti alla porta di casa, descrive il suo arrivo nella capitale argentina, vestita in modo anomalo per il caldo dell'estate australe: con una mantella dal collo di pelliccia di volpe, all'interno del quale ha cucito i risparmi della famiglia.

In quel settembre del 1939, però, Rosa, appresa la notizia dello scoppio della Seconda guerra mondiale, non può non pensare a tutti i suoi parenti, i Vassallo, che vivono ancora in Italia, in Liguria. Così come Giovanni, che dal suo nego-

zio prova in tutti i modi a mettersi in contatto con i suoi cari rimasti a Portacomaro, mentre in sottofondo lo speaker radiofonico annuncia che anche la Francia ha dichiarato guerra alla Germania, confermando la sua alleanza con il Regno Unito. Nonostante l'Italia sia ancora neutrale – soltanto nel giugno del 1940 Benito Mussolini annuncerà l'entrata in guerra al fianco di Hitler – l'ansia e la preoccupazione li attanagliano. Rosa trascorre la giornata badando a Jorge, ma parla a lungo con le amiche più care della sua precedente vita *in Italia, ricordando i parenti e i momenti spensierati della sua gioventù. La nostalgia, tra quelle mura argentine, sembra aver preso il sopravvento. E il nipotino rimane fermo, incantato, ad ascoltare la nonna, per la quale nutre una grande devozione.*

Nonna Rosa e nonno Giovanni, insieme a mio padre, furono dei miracolati! Io non sarei qui a raccontare questa storia se i loro piani non fossero stati stravolti da una mancata vendita immobiliare: la partenza per l'Argentina era già fissata per l'ottobre del 1927, il nonno avrebbe venduto i terreni di famiglia sul Bricco e con quei soldi tutti e tre si sarebbero dovuti imbarcare dal porto di Genova sulla nave *Principessa Mafalda*. Era un grande piroscafo che aveva già compiuto numerose traversate transoceaniche ma, durante quel viaggio verso Buenos Aires, a causa della rottura di un'elica, affondò al largo delle coste del Brasile. Più di trecento morti: una grande tragedia. Per fortuna i nonni e papà non erano a bordo: nonostante i terreni fossero stati messi in vendita già da un po' di tempo, non era arrivata nessuna offerta d'acquisto e così, senza i soldi necessari, a pochi giorni dalla partenza con grande rammarico avevano dovuto rinunciare al viaggio. L'attesa durò fino al febbraio del 1929, quando s'imbarcarono su un'altra nave, la *Giulio Cesare*: dopo due settimane di viaggio arrivarono in Argentina e vennero accolti all'Hotel de Inmigrantes, un centro d'accoglienza per migranti non troppo diverso da quelli di cui sentiamo parlare oggi.

Mentre mio padre non parlava mai in piemontese, forse perché in lui la nostalgia di casa era grande e inconsciamente non voleva ammetterlo, i nonni lo facevano ordinariamente: per questo posso dire che il piemontese è stata la mia prima lingua madre. Credo che ogni immigrato, nella propria vita, si trovi a fare i conti con la stessa situazione interiore che viveva papà. E non è semplice! Ce la racconta Omero nell'*Odissea*, ma anche il poeta piemontese Nino Costa, che apprezzo molto e che in una delle sue opere esprime il desiderio di tornare che appartiene a coloro che non possono farlo. I migranti portano con sé un bagaglio enorme di esperienze e di storie che possono arricchirci e aiutarci a crescere. Parlando appunto della Seconda guerra mondiale, ho ascoltato i racconti di quel conflitto anche dalla voce degli immigrati polacchi in Argentina. Papà lavorava a meno di cento metri da casa: faceva il ragioniere in una grande tintoria industriale dove grossi clienti mandavano filati e tessuti da tinteggiare. Un poco alla volta in azienda iniziarono ad arrivare degli operai polacchi che avevano visto con i loro occhi la guerra, l'invasione delle truppe naziste e la morte dei loro cari. Avevano conosciuto quel dramma ed erano fuggiti in Sud America spinti dal sogno di una nuova vita. Quando andavo a trovare papà al lavoro – avevo già otto o nove anni – ogni tanto mi fermavo ad ascoltare le loro storie. Erano bravi questi polacchi, erano una decina, avevano il cuore grande. I loro racconti erano molto dolorosi, perché si parlava di famiglie distrutte, di amici spediti al fronte senza far più ritorno, di mamme che aspettavano di riabbracciare i loro *bambini di casa* e che invece ricevevano soltanto dei fiori per la morte dei loro figli.

Devo aggiungere però che, nonostante i drammi vissuti, quelle persone non avevano dimenticato la capacità di sorridere: ogni tanto chiamavano in disparte noi bambini e ci facevano degli scherzi, insegnandoci qualche parolaccia in polacco. Ricordo che una volta uno mi disse: «Vai da quella donna e dille questa parola...». Ovviamente per me era una parola priva di significato, ma in polacco non era proprio un complimento per quella signora! C'erano quindi anche momenti più leggeri, oltre ai racconti della Seconda guerra mondiale. Ma si capiva benissimo che anche loro portavano negli occhi quella nostalgia tipica di chi è costretto a lasciare la propria casa. È una spina nel cuore! E quanti, ancora oggi, si trovano a dover fuggire via sperando di trovare una nuova vita – proprio come fecero i miei nonni o quegli immigrati polacchi – e invece trovano soltanto la morte in mare o il respingimento al confine. È ancora una volta la cattiveria umana a causare questi drammi, sono i cuori induriti di chi non abbraccia il Vangelo che, invece, ci chiede di aprire le porte a chi bussa, di spalancare i nostri cuori a chi cerca un posticino caldo, a chi cerca una mano tesa per rialzare la testa.

Pensiamo a quanti italiani sono partiti prima e dopo la guerra verso il Sud America o verso gli Stati Uniti. Pensiamo che anche tanti nostri familiari sono stati migranti! Anche loro, magari, nei Paesi in cui approdavano erano considerati *i cattivi, i pericolosi*. E invece erano solamente alla ricerca di un futuro per i loro figli. «Dov'è tuo fratello?» chiede il Signore a Caino, nel libro della Genesi. È una domanda che risuona ancora oggi e che ci lascia disorientati: non prestiamo attenzione a ciò che Dio ha creato e non siamo più capaci di custodirci gli uni gli altri. E quando questo disorientamento contagia il mondo, si arriva a tragedie come quelle di cui leggiamo spesso sui giornali. Voglio ripeterlo, voglio gridarlo: per favore, accogliamo i nostri fratelli e le nostre sorelle che bussano. Perché se integrati correttamente, se seguiti e custoditi, potranno dare un grande contributo alle nostre vite. Come quegli immigrati polacchi, fuggiti dalla Seconda guerra mondiale, che ho conosciuto da bambino, anche i migranti di oggi sono persone che cercano soltanto un posto migliore e che spesso invece incontrano la morte. Troppe volte, purtroppo, questi fratelli e sorelle che desiderano un po' di pace non trovano né accoglienza né solidarietà, ma soltanto un dito puntato contro. È il pregiudizio a corrompere l'anima, è la cattiveria a uccidere. E questa è una via senza uscita, è una perversione. Non dimentichiamo cosa è accaduto, per esempio, con le nostre sorelle e i nostri fratelli ebrei. E, anche in questo caso, i ricordi sono tanti.

II

LO STERMINIO DEGLI EBREI

«È proprio un mostro, non ci sono altre parole per descriverlo...» Con un gesto di stizza mamma Regina si è alzata all'improvviso, abbandonando sulla tavola il suo piatto di minestra. La cena, almeno per lei, sembra esser finita così. Pensando ancora a ciò che ha sentito raccontare poco prima dalla suocera, sbatte sul lavello la pentola con il brodo avanzato, facendone schizzare un po' di qua e un po' di là. Mentre continua a ripetere: «Che mostro!».

Marta, la piccola di casa, impaurita dal tono di voce della mamma, scoppia a piangere; i due fratellini più grandi, Jorge e Oscar, che anziché mangiare si stanno sfidando a duello a colpi di cucchiaio, si fermano, ammutoliti. Jorge, in par-

ticolare, guarda la mamma incuriosito, mentre papà Mario si alza per prendere in braccio la figlioletta: non aveva mai visto la moglie così indignata. Forse è accaduto in passato per qualche torto subìto, ma mai per una notizia del genere, che non la tocca direttamente. L'atmosfera in casa Bergoglio non è delle migliori in quella calda sera di dicembre del 1941. Dopo lo sfogo di qualche minuto cala improvvisamente il silenzio: adesso si sente soltanto il rumore dell'acqua che scorre nel lavello, dove si mescolano le lacrime di Regina. E poi il vociare di qualche ragazzino che gioca ancora per strada, insieme al rombo, che lentamente si allontana, di un vecchio camion semi arrugginito che porta al lavoro, poco fuori il barrio di Flores, un gruppo di operai notturni.

È stata nonna Rosa a scatenare quella reazione nella nuora, dopo aver ricevuto quello stesso pomeriggio la visita di una vecchia amica, emigrata in Argentina da Torino. La signora Margherita Muso Nero – si chiama così – le ha raccontato le ultime notizie ricevute dall'Italia: molti dei suoi parenti sono scappati all'estero dopo l'emanazione delle leggi razziali, nel 1938, mentre altri sono rimasti con la speranza che quel periodo, prima o poi, possa diventare soltanto un ricordo. Nell'ultima lettera raccontano di aver saputo che all'estero sono già in atto anche delle persecuzioni e che, in-

sieme alla costruzione dei ghetti nelle grandi città occupate dai nazisti, queste stanno causando migliaia di morti. Tante persone vengono portate via a forza, lontano, per andare nei campi di lavoro. Sta per compiersi, in realtà, quella che sarà successivamente conosciuta come la "soluzione finale": fucilazioni di intere comunità, camere a gas mobili e soprattutto le deportazioni anche nei grandi campi di concentramento: Auschwitz è già operativo dal 1940 mentre Auschwitz II-Birkenau lo è diventato proprio nell'ottobre del 1941.

Con gli occhi lucidi, nonna Rosa ha ascoltato attentamente il racconto della sua amica che le riferisce di questi ebrei partiti in treno verso una destinazione sconosciuta, caricati a forza su carrozze adatte al trasporto di bestie, e non di esseri umani. Centinaia di persone ammassate, le une sopra le altre, con appresso le loro valigie e i ricordi di una vita. I bambini strappati alle mamme o nascosti da alcuni vicini di casa, i mariti separati dalle loro metà e presi a bastonate sulle gambe perché camminino più velocemente.

Dopo la visita dell'amica, poco prima di quella cena a base di minestra, la nonna ha riportato a casa Jorge e si è fermata qualche minuto per raccontare sottovoce al figlio e alla nuora ciò che le ha detto la signora Muso Nero. Rosa ha un carattere schietto, deciso, non vuole che i bambini senta-

no quelle storie tanto tristi e così accende la radio, alzando il volume più del solito. Le note di un tango invadono improvvisamente la stanza da pranzo: Radio El Mundo sta trasmettendo Recuerdo *di Osvaldo Pugliese, conosciuto a Buenos Aires come "il santo del tango". E il piccolo Jorge, quasi cinque anni, sembra già apprezzare. Con quella musica in sottofondo, il racconto drammatico della nonna viene accompagnato da una colonna sonora che carica ancor più di emozione le sue parole: il pensiero di Mario vola ai suoi amici ebrei e pronuncia quella parola,* mostro, *che sarà ripetuta, qualche minuto dopo, a cena, anche dalla moglie.*

In quel periodo lo sentivo dire spesso, in casa: «Hitler è un mostro!». Succedeva a cena, a pranzo, o quando veniva a trovarci qualche zio o cugino. Ovviamente mamma e papà non rimanevano indifferenti di fronte a ciò che stava succedendo in Europa e, quando parlavano tra di loro o con la nonna, nominavano anche questo personaggio. Io ero ancora troppo piccolo per capire. Poi, quando son diventato un po' più grande, ho compreso chi fosse quell'uomo che veniva chiamato in quel modo.

Papà all'epoca lavorava con tante persone ebree con cui poi ha stretto amicizia: in tintoria da lui c'erano tanti clienti di questa comunità che producevano filo e calze e mandavano le stoffe da far colorare. E poi, ogni tanto, passavano anche da casa a trovarlo con tutta la famiglia al seguito. Ovviamente succedeva che si aprisse l'argomento della persecuzione degli ebrei perché questi signori avevano parenti sparsi per l'Europa, alcuni dei quali, purtroppo, erano stati portati via e non se ne avevano più notizie.

Mentre gli adulti parlavano di queste cose, noi piccoli andavamo a giocare fuori con la palla, o in un'altra stanza. Lo stesso accadeva anche quando mi trovavo a casa dalla nonna: c'era questa sua vecchia amica, la signora Margherita Muso Nero, una donna semplice, brava, che pur avendo almeno dieci anni meno di lei veniva spesso a trovarla; le raccontava dei suoi parenti e di ciò che subivano.

Anche in queste occasioni noi bambini venivamo invitati ad andare altrove, in modo che quei discorsi non ci potessero impressionare. Ma ogni tanto riuscivo a sentire qualche parola: quante gliene ha dette la nonna a Hitler! E anche a chi, nel nostro Paese, lo sosteneva. In Argentina infatti, all'epoca, c'era una minoranza della società che era antisemita: non parlo ovviamente in generale, dico che alcune frange avevano sposato gli ideali del Terzo Reich, soprattutto alcuni uomini vicini al nazionalismo. Anche dalle nostre parti, quindi, c'erano sentimenti ostili al popolo ebraico e questo mi ha sempre ferito.

Ho chiesto spesso al Signore di perdonare questa gente e la crudeltà dei regimi totalitari, l'ho anche scritto nel Libro d'Onore quando nel 2016 ho visitato i lager in Polonia, Auschwitz e Birkenau: un pellegrinaggio silenzioso, non ho tenuto alcun discorso. Ogni parola sarebbe stata superflua di fronte a quella immane tragedia. Davanti al muro delle esecuzioni, dove i prigionieri venivano uccisi con un colpo in testa, ho voluto pregare per le anime delle vittime, per questi nostri fratelli e sorelle maggiori nella fede e per tutte le comunità che hanno subìto l'atrocità di questa follia umana. Ho visitato anche la *cella della fame*, quella dove era stato recluso san Massimiliano Kolbe, il frate francescano che offrì la sua vita in cambio di quella di un padre di famiglia. Una cosa che mi ha sempre addolorato è che queste persone, senza essere colpevoli di nulla, furono portate lì con l'inganno: credevano di essere destinate a campi di lavoro, ma non sapevano che di lì a poco sarebbero state uccise. Non avevo parole durante quella visita ai campi di concentramento e di sterminio, ma posso dire che, a distanza di così tanti anni, lì dentro si respira ancora un'aria di morte e di crudeltà. È stato impressionante.

Tornando a quel periodo degli anni Quaranta in cui i nazisti decisero di sterminare tutti gli ebrei, i racconti della signora Muso Nero servivano tanto alla nonna per comprendere nel profondo quella tragedia e potermi anche dare delle spiegazioni negli anni a seguire. In effetti a cinque o sei anni non mi sarebbe stato possibile capire che l'uomo potesse spingersi così oltre, né immaginare cosa sarebbe accaduto dopo. Ho preso piena consapevolezza di questo dramma grazie ai miei insegnanti a scuola, alla mia famiglia, allo studio della storia e soprattutto grazie ai racconti dei superstiti che negli anni mi hanno narrato le loro esperienze di prigionia in quei campi di morte, dove la dignità umana veniva totalmente calpestata.

Potrei riportare tante storie che ho conosciuto anche tramite il rabbino Abraham Skorka, ma ne cito due su tutte.

La prima è la storia di Lidia Maksymowicz, figlia di due partigiani in Bielorussia, che ho incontrato in Vaticano. Aveva solo tre anni quando venne deportata e marchiata dai nazisti. La sua famiglia fu internata per motivi politici, perché sin da subito i suoi genitori si erano apertamente schierati dalla parte delle persone ebree, pur non essendolo. Lidia era stata internata nel campo di Auschwitz II-Birkenau nel 1943, separata dalla mamma e sottoposta, insieme a tanti altri bambini, agli esperimenti del dottor Mengele. Quell'uomo faceva cose terribili: testava su di loro farmaci e veleni, li aveva trasformati in piccole cavie da laboratorio. Poveri piccoli! Siamo rimasti qualche minuto insieme al termine dell'udienza generale e anche in questo caso non ho detto nessuna parola. Soltanto *grazie* per la sua testimonianza. E in un gesto spontaneo le ho baciato quel tatuaggio con il numero che porta ancora sul braccio da quando aveva tre anni.

La seconda è la storia di un'altra sopravvissuta, Edith Bruck, ebrea ungherese, i cui racconti e la cui forza mi hanno molto colpito. Lei nell'oscurità del lager è riuscita a trovare la luce: a Dachau un cuoco nazista le chiese il nome e poi, vedendola lì, inerme e piccola, le disse: «Anche io ho una bambina come te». E le regalò un pettine anche se lei era rasata a zero. Un segno di speranza in mezzo a quel mare di morte. Quando sono andato a trovarla a casa sua a Roma lei mi ha raccontato questa storia e le ho detto: «Avrei voluto essere io quel cuoco!». Ma le ho anche chiesto perdono per tutto ciò che è accaduto agli ebrei. Con Edith ci siamo rivisti altre volte in pubblico a Roma e un'altra volta in privato in Vaticano, sempre il 27 gennaio, nella Giornata della Memoria. La memoria: queste persone sono memorie viventi, sono un tesoro inestimabile per tutti noi. Lo sterminio di milioni di ebrei non può essere dimenticato e non deve più ripetersi: basta genocidi, basta crudeltà! La Shoah ci insegna che occorre sempre massima vigilanza per non arrivare in ritardo quando vengono attaccate la pace e la dignità della persona umana.

Quel tango trasmesso in radio, che ha distratto per un po' il piccolo Jorge mentre i genitori parlano con nonna Rosa, vie-

ne interrotto dal notiziario delle sette: lo speaker dà conto dell'attacco giapponese alla base americana di Pearl Harbor, nelle isole Hawaii, avvenuto alle prime luci dell'alba di quella domenica 7 dicembre 1941. Migliaia di morti, soprattutto soldati. Se fino a quel momento la maggioranza degli americani è stata contraria a un coinvolgimento nella Seconda guerra mondiale, dopo l'attacco dell'impero giapponese la situazione cambia radicalmente e il presidente Franklin Delano Roosevelt annuncia l'entrata in guerra degli Stati Uniti al fianco della Gran Bretagna e dell'Unione Sovietica. Tutti si sono improvvisamente zittiti per ascoltare quelle notizie radiofoniche che giungono dal Nord America. Rosa fa un gesto di rassegnazione, unendo le mani e scuotendo il capo, come a dire: "Ci mancava pure questa...". Poi si congeda frettolosamente: è già tardi e deve ancora preparare la cena per suo marito Giovanni.

«Ci vediamo domani mattina, eh!» dice rivolgendosi a Jorge, dopo avergli dato un bacio. Sarà lei, infatti, ad accompagnarlo alla scuola materna Nuestra Señora de la Misericordia, in Avenida Directorio, a quattrocento metri da casa. Un istituto di suore che il bimbo frequenta ormai da oltre un anno.

Regina intanto è ancora ai fornelli, sta finendo di cuocere la minestra. Mario ha già tolto dalla tavola i libri contabili;

anche quella domenica si è portato il lavoro a casa e adesso raduna i piccoli perché si lavino le mani e si mettano composti a sedere, mentre continua a commentare, con la moglie, quelle storie sugli ebrei raccontate da mamma Rosa.

«Come si può arrivare a tanto?» si domandano, senza entrare nei particolari per non turbare i figli.

«Evidentemente si crede un dio, non c'è altra spiegazione...» aggiunge Regina chiaramente angosciata, mentre porta la pentola a tavola.

«Poveri» continua Mario, «chissà che paura avranno avuto, soprattutto i piccoli, durante quel viaggio in treno. E poi, quando sono arrivati a destinazione, chissà cos'è successo...»

«Papà, quale viaggio in treno?» chiedono i bimbi all'unisono, senza avere però risposta.

Dopo aver mangiato diverse cucchiaiate di minestra, Regina non ce la fa più e sbotta, pensando a quei bambini ebrei, separati dalle loro mamme senza nessun motivo: «È proprio un mostro, Hitler!».

Avendo dei bambini in casa, i nostri genitori erano molto sensibili quando succedeva qualcosa di brutto a qualche nostro coetaneo. Nel caso delle deportazioni degli ebrei, grandi o piccoli, ovviamente la cosa era amplificata ancor di più. Da credenti e praticanti non potevano accettare quella situazione e per questo etichettavano Hitler in quel modo. E non avevano per niente torto!

Ogni tanto mi sembra di rivivere quei sentimenti quando leggo sui giornali dei casi di antisemitismo o di razzismo che si verificano ancora oggi: pensiamo, per esempio, agli atti di violenza di alcuni fanatici, alle tombe ebraiche profanate o alle case marchiate con la stella di David in diversi Paesi europei dopo lo scoppio del nuovo conflitto in Medio Oriente nell'ottobre del 2023. È una vergogna, soprattutto perché spesso a essere coinvolti sono dei giovani! Come se non avessero compreso cosa sia stata la Shoah!

Pensiamo anche alle persone dalla pelle nera: negli Stati Uniti, per esempio, sono sempre attuali le grandi proteste in strada per la morte di alcuni cittadini neri, uccisi con un pregiudizio cucito addosso. Ha avuto una forte eco la storia di George Floyd o di altri americani come lui. Ma questo è un problema che non riguarda soltanto il Nord America, tocca anche i Paesi europei.

Per fortuna c'è sempre una reazione collettiva contro le ingiustizie sociali o razziali, contro l'abuso di potere, quando la dignità umana è ferita. Per questo mi piace definire le persone che partecipano alle manifestazioni non violente come dei "samaritani collettivi" che intervengono a difesa della dignità degli esseri umani, di qualsiasi essere umano. Ma ricordiamo che il razzismo è una malattia, un virus, e il caso di Hitler è una malattia portata all'ennesima potenza perché lui annientava gli ebrei ma anche i rom, le persone con disabilità oppure gli omosessuali, o gli anziani, o ancora i bambini con la sindrome di Down. Li mandava tutti a morte, senza pietà. Questo mi ha sempre fatto male dentro, non l'ho mai accettato. Per tale motivo dico che non possiamo voltarci dall'altra parte quando ci troviamo di fronte a un caso di antisemitismo, di razzismo o di discriminazione, dobbiamo difendere sempre la sacralità della vita umana. Il nome di Dio viene disonorato e profanato nella follia dell'odio: succede oggi ed è successo con le scellerate azioni dei regimi durante la Seconda guerra mondiale. La storia si ripete, lo vediamo anche nel nostro quotidiano con quello che accade per esempio in Ucraina o in Medio Oriente.

Tornando alla mia infanzia, il popolo ebraico che viveva lontano dall'Europa soffriva davvero tanto in quegli anni: lo intravedevo negli occhi di quegli amici di papà che venivano a casa e negli occhi dei loro figli. Alcuni di loro avevano sempre un peso sul cuore, anche quando giocavano con me: forse sapevano qualcosa riguardo a ciò che stava accadendo al loro popolo e ai loro parenti, perché non sorridevano quasi mai e il loro sguardo era triste. E questa cosa la vedo accadere ancora oggi, quando ricevo bambini che arrivano da zone di guerra: i loro occhi non sono mai sorridenti, il sorriso è sempre forzato.

I piccoli possono insegnarci molto con la loro innocenza, soprattutto in questi tempi di guerra. Anche per questo ho voluto istituire una Giornata mondiale dedicata a loro. Perché possano essere i nostri principali "alleati" nella ricerca della pace. Con il loro cuore puro e semplice ci dicono davvero tanto, soprattutto perché nelle scuole vengono educati già alla pace! Ogni volta che sto in contatto con loro anche il mio cuore torna un po' bambino e dimentico tutte le difficoltà e le polemiche che si presentano nel mio servizio. Quando li guardo, così felici e pieni di vita, rivedo l'entusiasmo di quando con gli amici giocavamo in strada. Certo, c'erano sempre dei litigi, scappava qualche brutta parola, ma alla fine facevamo sempre la pace... e una buona merenda a casa di nonna Rosa che ci preparava il pane con lo zucchero.

Pensando a tutti gli ebrei che hanno sofferto e pagato con la vita il solo fatto di appartenere a quel popolo, nel 2014 ho voluto compiere a Gerusalemme una visita al memoriale della Shoah, lo Yad Vashem. Nel mio discorso ho posto delle semplici domande: «Chi sei, uomo? Chi sei diventato? Di quale orrore sei stato capace? Che cosa ti ha fatto cadere così in basso? [...] Chi ti ha convinto che eri dio? Non solo hai torturato e ucciso i tuoi fratelli, ma li hai offerti in sacrificio a te stesso, perché ti sei eretto a dio. [...] (Signore,) ricordati di noi nella tua misericordia. Dacci la grazia di vergognarci di ciò che, come uomini, siamo stati capaci di fare, di vergognarci di questa massima idolatria, di aver disprezzato e distrutto la nostra carne, quella che tu impastasti dal fango, quella che tu vivificasti col tuo alito di vita. Mai più, Signore, mai più!».

Non dobbiamo quindi dimenticare che il secolo scorso ha visto le tante brutalità che sono state compiute nei confronti del popolo ebraico: pensavamo che fosse finita con la fine della guerra e il crollo dei regimi e invece ancora oggi gli ebrei continuano a essere perseguitati ed etichettati. Questo non è cristiano e nemmeno umano! Quando capiremo che sono nostri fratelli?

Non posso nascondere che il mio pensiero va spesso a tutta quella gente che, negli anni Quaranta, ha sofferto e trovato la morte nei lager mentre noi vivevamo tranquilli nelle nostre case in Argentina, senza preoccupazioni. Avevamo tutto, pur vivendo nella semplicità: non era importante avere la macchina o il vestito su misura o fare le vacanze, la cosa essenziale era esser felici. E questo in famiglia, grazie a Dio, non mancava mai. Soprattutto, non c'era la paura che qualcuno delle SS bussasse alla nostra porta per perquisire l'abitazione, non c'erano pattuglie naziste in strada, non c'erano mamme che venivano rasate a zero, separate dai loro bambini, mandate nei campi con una tuta sporca addosso e private di ogni diritto. Così come non c'erano uomini costretti ai lavori forzati e che poi, quando diventavano inutili, venivano uccisi e buttati nei forni.

Perché loro hanno subìto tutto questo e non io? Perché tanti bambini come me, in quegli anni, sono stati separati dai genitori mentre io e i miei fratelli abbiamo avuto il dono dal cielo di un'infanzia felice? Me lo chiedo con il cuore a pezzi e non trovo ancora una risposta.

III

LE BOMBE ATOMICHE E LA FINE DELLA GUERRA

Lo stadio è in delirio. I tifosi del San Lorenzo de Almagro, dopo il fischio finale dell'arbitro Eduardo Forte, stanno festeggiando a squarciagola, tra balli, canti e cori che inneggiano al Terceto de Oro, *il trio formato da Armando Farro, René Pontoni e Rinaldo Fioramonte Martino. Nonostante l'assenza di Farro, la partita è finita con un 6 a 1 per la formazione blu-granata, che ha vinto contro il Ferro Carril Oeste, la polisportiva del barrio di Caballito. Un risultato incredibile in quella storica domenica 2 settembre del 1945: nessuno sperava in un risultato del genere per il San Lorenzo, nemmeno l'allenatore Diego García, e invece c'è stato il miracolo. Tra i tifosi più incalliti della formazione di Alma-*

gro ci sono anche i Bergoglio, presenti sugli spalti. La famiglia è al completo, Mario ha portato Regina e i quattro figli: Jorge, che sta seduto accanto al papà, Oscar, Marta e il piccolo Alberto di tre anni.

Pontoni e i compagni fanno un giro del campo per salutare il pubblico, ma c'è anche un altro motivo speciale per festeggiare: la radio prima della partita ha annunciato che in Giappone, nella rada di Yokohama, la delegazione nipponica guidata dal ministro degli Esteri Mamoru Shigemitsu a bordo della corazzata statunitense Missouri *ha firmato, nelle mani del generale MacArthur, la resa, che sancisce di fatto la fine della Seconda guerra mondiale. In Europa il conflitto è già terminato da alcuni mesi: di fronte all'avanzata delle truppe angloamericane e dell'Armata Rossa verso Berlino, Adolf Hitler il 30 aprile si è suicidato e il 7 maggio successivo la Germania ha firmato a Reims, in Francia, l'atto di resa incondizionata alle forze alleate.*

Ma quella del 2 settembre 1945 è la fine delle ostilità in tutto il mondo, che piange ancora le vittime dell'esplosione delle due bombe atomiche, sganciate dagli Stati Uniti d'America sulle città giapponesi di Hiroshima e Nagasaki. Oltre duecentomila morti e centocinquantamila feriti. Anche in Argentina si festeggia la fine della guerra e si parla ovun-

que di questi nuovi ordigni: al bar, sui giornali, in radio, in parrocchia, tra vicini di casa. Jorge, che ormai ha quasi nove anni, ne sente parlare da mamma e papà, ma anche dalla maestra della scuola primaria n. 8 Coronel Pedro Antonio Cerviño, che frequenta tutti i giorni: da bravo scolaro, come i suoi compagni, indossa un grembiule bianco con il fiocco nero. La sua insegnante, Estela Quiroga, è colpita dai metodi originali del bambino: quando, per esempio, deve imparare a fare le addizioni, le sottrazioni o le moltiplicazioni, anziché scrivere o contare con le dita, si esercita salendo e scendendo le scale dell'istituto. Oltre alla matematica ama anche la lettura, la filatelia e lo sport: gioca a basket con papà Mario, tira calci al pallone con gli amichetti del quartiere e poi ogni domenica va allo stadio con tutta la famiglia.

Quella domenica 2 settembre 1945, prima di raggiungere il campo sportivo per la straordinaria partita del San Lorenzo, Jorge è rientrato a casa: di mattina è stato a Messa con nonna Rosa, nella basilica di San José de Flores, a dieci minuti da casa, e ha giocato a briscola con i genitori e con Oscar. In sottofondo, l'ouverture Leonore n. 3: Mario ha acceso il giradischi con un vinile del Fidelio di Beethoven, dopo aver messo via i soliti libri contabili che porta a casa per finire il lavoro della settimana. Anche se la paga è ridotta rispetto agli altri *colleghi – in Argentina il suo titolo di studio italiano non è riconosciuto – il sorriso sul suo volto non manca mai, soprattutto quando deve correggere i figli, che non hanno ancora imparato le regole di quel gioco di carte.*

Quel momento di svago non è durato, però, in eterno: quando le lancette dell'orologio hanno segnato le undici e mezza, per mamma e papà si è fatta l'ora di mettersi ai fornelli. Ma qualcuno da fuori ha iniziato a gridare il nome di Regina, interrompendo quella tranquilla e divertente mattinata in famiglia.

Era la nostra vicina di casa, María, che chiamava con insistenza la mamma. Ricordo come fosse oggi quel giorno di settembre del 1945. La nostra casa era separata da quella dei vicini da un muro alto alcuni metri: le abitazioni nel quartiere erano tutte divise in questo modo. A un certo punto, la signora che viveva accanto a noi si affacciò sul muro e si mise a urlare il nome della mamma per farla uscire di casa: «Signora Regina! Signora Regina!». La mamma andò subito fuori pensando che fosse successo qualcosa di grave. E la donna gridò ancora, questa volta con un sorriso bellissimo: «Signora Regina... è finita la guerra! È finita la guerra!!!». La mamma rimase un attimo disorientata; poi entrambe scoppiarono a piangere di gioia. Un pianto liberatorio. Nel frattempo, era anche scattata la sirena del quotidiano *La Prensa*: era un segnale molto forte che si attivava per avvisare la popolazione che era successo qualcosa di importante. Quel suono era talmente intenso che, benché la sede del giornale si trovasse a circa dieci chilometri da casa nostra, si sentiva come se fosse quasi dietro l'angolo. La gente iniziò ad affacciarsi dai balconi e sulla strada per capire cosa stesse succedendo. Lo stesso fecero papà e i miei fratelli. Fu un momento molto emozionante: avendo assistito a quella scena, che è ancora ben presente nella mia mente, posso dire che quel giorno ho ricevuto il grande insegnamento di quanto questa gente così semplice, pur abitando in Sud America, lontana quindi dai teatri di guerra, desiderasse la pace. Abbiamo provato tutti una sensazione bellissima, come se un brutto incubo fosse finalmente finito, soprattutto pensando a tutti quei poveretti che erano morti o che erano dovuti scappare anche dalle nostre parti.

È chiaro che in quel momento, in tutto il mondo, aspettavamo con ansia l'annuncio della fine della guerra; la storia si ripete e, come succedeva allora, succede anche oggi: soffriamo tutti quanti per i conflitti e le violenze che colpiscono diverse aree del pianeta e ci domandiamo cosa possiamo fare per alleviare le sofferenze delle persone. Certo, possiamo contribuire con opere di carità per la ricostruzione o per distribuire generi di prima necessità, ma il nostro contributo più importante può essere quello di estirpare dai nostri cuori l'odio e il risentimento nei confronti di chi vive accanto a noi. Siamo tutti fratelli e sorelle e tra di noi non può prevalere il risentimento. Ogni guerra, per finire davvero, ha bisogno del perdono, altrimenti quella che seguirà non sarà giustizia, ma vendetta!

Dobbiamo imparare a costruire nel mondo una cultura della pace, che non va vista soltanto in un'ottica di rifiuto della violenza delle armi: pensiamo alla violenza delle nostre chiacchiere che distruggono, pensiamo alla violenza psicologica sulle persone fragili e indifese, pensiamo alla violenza dell'abuso di potere, anche nella Chiesa. Vogliamo davvero la pace? Allora iniziamo a lavorare su noi stessi! La strada da seguire ce la indica san Paolo quando dice che la misericordia, la benevolenza e il perdono sono le migliori medicine che possiamo usare per costruire una cultura di pace.

Mi vengono in mente le parole di Papa Pio XII, che furono diffuse via radio proprio nell'agosto del 1939, alla vigilia dello scoppio della Seconda guerra mondiale. Le sentimmo anche noi in casa, al radiogiornale: «Nulla è perduto con la pace. Tutto può esserlo con la guerra. Ritornino gli uomini a comprendersi. Riprendano a trattare. Trattando con buona volontà e con rispetto dei reciproci diritti si accorgeranno che ai sinceri e fattivi negoziati non è mai precluso un onorevole successo».

Ma la cattiveria umana, come succede anche oggi, non aveva orecchie adatte ad ascoltare quelle sante e sagge parole: soltanto sei anni dopo, nell'agosto del 1945, infatti, ci furono le due bombe atomiche che distrussero Hiroshima e Nagasaki. Ricordo che in giro si parlava di questo evento catastrofico, le persone al bar o in oratorio dai salesiani dicevano che gli americani – li chiamavano *los gringos* – avevano lanciato questi ordigni micidiali, ma nessuno ci capiva granché: noi bambini non comprendevamo certamente, ma nemmeno gli adulti. «Cos'è una bomba atomica? Come funziona?» si chiedevano tutti. E c'erano degli approfondimenti scientifici sui giornali o in radio che spiegavano come avveniva questa esplosione, cosa succedeva agli atomi, l'ampiezza del raggio distruttivo di questo ordigno. Qualcuno si domandava addirittura se gli effetti e le radiazioni di quelle bombe potessero raggiungere in qualche modo anche il Sud America o l'Argentina... Non c'erano le conoscenze che ci sono oggi e c'era davvero tanta paura in giro. Paura e disperazione: ho sentito racconti drammatici su quanto accaduto a Hiroshima dalla voce di chi era lì, durante e dopo l'esplosione dell'atomica. Ma lo racconterò in seguito.

Anche nelle strade di Buenos Aires si festeggia la fine della guerra. Mario accende la radio per sentire eventuali aggiornamenti mentre Regina è tornata in cucina per preparare il pranzo. Devono far presto perché c'è la partita del San Lorenzo in programma nel primo pomeriggio e per raggiun-

gere lo stadio, soprattutto senza la macchina, ci vorrà un bel po' di tempo. Per fortuna è arrivata anche nonna Rosa a dare una mano: lei e Giovanni pranzeranno a casa del figlio. I bambini intanto giocano in sala: Oscar mostra a Jorge con orgoglio il suo bottino, il premio di due monete dategli da papà dopo la partita a briscola, Marta prova a rubargliene una dalle mani, è curiosa, vuole toccare quella monetina. E inizia un litigio, tra urla, lacrime e capelli tirati.

«Dai, Oscar, dagliene una, vuole solo guardarla, poi te la ridà» interviene la nonna.

«No, lei vuol tenersela, sicuramente la andrà a nascondere da qualche parte» risponde il bambino imbronciato.

«Ma non sarà un problema, vorrà dire che gliela avrai regalata. Ricordate: il sudario non ha tasche! Non serve a niente essere attaccati ai soldi» chiosa la donna.

I bambini ammutoliscono all'improvviso, Jorge rimane colpito dalle parole della nonna, ne capisce bene il senso e fa un cenno a Oscar perché dia una delle due monete alla sorellina. Marta viene accontentata e, dopo aver dato un bacio al fratello, torna in camera a giocare.

La trasmissione sportiva, diffusa in radio in attesa delle partite del pomeriggio, intanto è finita e, mentre la famiglia prepara i ravioli, va in onda un nuovo notiziario di approfondimento sul fatto del giorno: si raccontano i festeggiamenti per le strade di Washington, Londra e Parigi, si dà conto delle reazioni delle cancellerie internazionali e dell'arrivo dei militari americani a Tokyo, dove hanno ricevuto dei fiori dai bambini giapponesi. Si respira un'aria di pace ovunque. Ma si continua anche a raccontare il dramma delle due bombe atomiche e degli effetti delle radiazioni termiche sulla popolazione, accolta principalmente negli ospedali da campo dell'esercito dell'impero nipponico. In una parte di mondo c'è festa, dall'altra parte si contano ancora i morti e i feriti. Un corrispondente racconta di una donna che al momento dell'esplosione indossava un kimono: la violenza delle radiazioni ha bruciato il motivo stampato sulla stoffa che ora si è impresso come un marchio sulla sua schiena.

Mario spegne di colpo la radio, i dettagli di quella storia stanno diventando poco adatti ai bambini che ascoltano. E, per fortuna, è anche ora di mettersi a tavola.

In effetti arrivavano dal Giappone notizie terribili: alla radio si parlava di tutta quella gente sopravvissuta all'esplosione che non aveva più nulla e che probabilmente sarebbe morta nel giro di poco a causa delle radiazioni. E poi se ne parlava tanto anche tra i cittadini del nostro quartiere. C'era davvero paura che potesse accadere di nuovo, che quel bagliore improvviso potesse inghiottire nuovamente tutto, senza scampo per nessuno.

In un certo senso, pur essendo fisicamente lontano, ho vissuto quella tragedia da vicino grazie ai racconti di padre Pedro Arrupe, che si trovò a passare per l'Argentina diversi anni dopo, quando io ero un giovane studente gesuita. Lui era missionario a Hiroshima, rettore del noviziato della Compagnia di Gesù, e miracolosamente era scampato all'esplosione insieme ai trentacinque giovani che vivevano nell'istituto e agli altri gesuiti. Ma lui non disse mai che fu un miracolo, nonostante la bomba fosse stata sganciata molto vicino alla struttura della Compagnia di Gesù!

Mi raccontò, però, che il giorno dell'attacco, quel 6 agosto del 1945, sentì una fortissima esplosione e iniziò a crollare tutto mentre porte, finestre, pareti e mobili volavano via, disintegrati. Riuscirono tutti a scappare lungo i campi di riso e da una collina, una volta in salvo, videro che l'intera città era ormai rasa al suolo. La descrizione che fece era impressionante: vedeva un lago di fuoco enorme e innumerevoli cadaveri carbonizzati.

Padre Pedro aveva studiato medicina e quindi, in assenza di medici, perché erano morti quasi tutti, poté dare una mano a chi ne aveva bisogno: trasformò il noviziato in un ospedale da campo. Una bella idea, ma mancavano i medicinali; per fortuna un contadino gli diede un sacco con più di venti chili di acido borico in polvere e con questo, mescolato all'acqua, padre Pedro curò le ferite di tante persone che avevano il corpo pieno di ustioni. Gli aiuti iniziarono ad arrivare dalle città vicine soltanto l'indomani, ma la forza dei giapponesi era incredibile: si rialzarono e iniziarono subito a ricostruire. Anche io, una volta adulto, da gesuita, avrei voluto fare il missionario in Giappone, ma non mi fu dato il permesso di andarci a causa della mia salute, all'epoca un po' precaria. Chissà! Se mi avessero mandato in quella terra di missione, la mia vita avrebbe imboccato una strada diversa e magari qualcuno in Vaticano sarebbe stato meglio di adesso.

Tornando a quei terribili giorni, padre Arrupe, oltre ad aiutare le vittime, cercava donazioni per ricostruire le strutture dei gesuiti, chiedeva l'elemosina porta a porta e trovava anche grande generosità nella sofferenza. Mentre lui era in mezzo a tanti disperati, però, altri alzavano i calici per festeggiare la vittoria. L'uso dell'energia atomica per fini di guerra è un crimine contro l'uomo, contro la sua dignità e contro ogni possibilità di futuro nella nostra casa comune. È qualcosa di immorale! Come possiamo ergerci a paladini della pace e della giustizia se poi nel frattempo costruiamo nuove armi da guerra? Il possesso di queste armi di distruzione di massa dà solo un'illusione di sicurezza, perché ciò che si genera è un clima di sospetto e di paura. L'uso di queste bombe avrebbe peraltro un impatto ambientale e umanitario catastrofico: ricordiamo quanto accaduto proprio in Giappone!

Io ci sono andato nel 2019 e ho visitato il Memoriale della Pace a Hiroshima: è stato un momento davvero commovente, pensando a tutte quelle vittime innocenti. Ho voluto compiere questo pellegrinaggio per ribadire principalmente tre imperativi morali che possono aprire un cammino di pace: fare memoria, camminare insieme e proteggere. Non possiamo permettere che le nuove generazioni, incluse le attuali, perdano la memoria di quanto accaduto, una memoria viva che possa aiutare a dire di generazione in generazione: mai più!

Per questo dobbiamo camminare uniti, con uno sguardo votato al perdono, portando un raggio di luce in mezzo alle numerose nubi che oggi oscurano il cielo. E sono davvero tante, se guardiamo alle zone *calde* del pianeta e a come vivono i nostri fratelli e sorelle nella martoriata Ucraina, in Siria, Yemen, Myanmar, Medio Oriente, Sud Sudan... e in tutti gli altri Paesi dove si vive ancora la tragedia della guerra. Dobbiamo invece aprirci alla speranza ed essere strumenti di pace e riconciliazione. Questo potremo farlo se saremo capaci di proteggerci e riconoscerci come fratelli e sorelle in un destino comune; per questo, oggi come allora, dal cuore eleviamo insieme un grido: mai più la guerra, mai più il boato delle armi, mai più tanta sofferenza. Ci sia la pace per tutti. Una pace duratura e senza armi.

Anche a scuola, in quei giorni del 1945, si parlò tanto della fine della guerra mondiale e di come le grandi potenze si erano *spartite* il mondo: ricordo che noi studenti facevamo dei progetti sul tema della pace e mi piaceva tanto.

Il tema era ancora trattato con grande attenzione anche negli anni successivi, quando cambiai scuola. Nel 1948 era nata la mia ultima sorella, María Elena; la mamma ebbe dei problemi di salute e non riusciva più a badare a tutti noi. Così, il successivo anno scolastico, nel 1949, io, Oscar e Marta, grazie all'aiuto di don Enrico Pozzoli, entrammo in collegio dai salesiani. Marta, che aveva otto anni, frequentò quello femminile, il María Auxiliadora, mentre mio fratello e io stavamo nel collegio Wilfrid Barón de los Santos Ángeles a Ramos Mejía, a circa dodici chilometri da casa nostra.

Frequentai lì la sesta classe e devo dire che non avevo nemmeno il tempo di annoiarmi. Ci immergevamo davvero in una vita dove l'ozio non aveva spazio: già dalla mattina presto iniziavamo le attività con la Messa, lo studio, le lezioni, il gioco durante la ricreazione e poi, a fine giornata, l'ascolto della *buonanotte* del direttore. In collegio imparai davvero a studiare bene, perché grazie all'aiuto dei professori appresi anche delle tecniche mnemoniche che mi sono molto utili ancora oggi. E poi il silenzio: era bellissimo rimanere ore e ore a studiare immersi nel silenzio assoluto, perché favoriva la concentrazione. Facevamo anche tanto sport, perché questo, dicevano, era un aspetto fondamentale della nostra vita. Dopo tante preoccupazioni dovute al conflitto mondiale e all'esplosione delle bombe atomiche, servivano attività che permettessero lo svago, a patto che fossero svolte nei limiti di un confronto sano: ci insegnavano a competere da cristiani. E quindi niente falli brutti e, soprattutto, tanta onestà in campo!

La cosa più importante, però, credo sia il fatto che, in generale, il collegio creava, attraverso il risvegliarsi della coscienza nella verità delle cose, una cultura cattolica che non era bigotta o disorientata. Si viveva anche la pietà verso gli altri, ed era reale! Questo formava abitudini che, nel loro insieme, plasmavano un modo di essere, seguendo appunto gli insegnamenti cattolici. Lì, per esempio, ho imparato ad aprirmi agli altri, a privarmi di alcune cose per darle a persone più povere di me. Dopotutto, il sudario non ha le tasche, ricordate?

Non a caso, fu qui dai salesiani, a dodici anni, che per la prima volta sentii la vocazione sacerdotale. Presi coraggio e ne parlai con padre Martínez, conosciuto da tutti perché lo chiamavano *el pescador*, per il grande numero di vocazioni che aveva tirato fuori dai ragazzi girando per i collegi salesiani. Lo incontrai qualche volta, mi fece alcune domande, mi diede dei consigli, ma non approfondimmo mai il discorso. Dentro di me questo desiderio era ancora addormentato, finché non esplose definitivamente durante gli anni Cinquanta.

IV

LA GUERRA FREDDA
E IL MACCARTISMO

«Buongiorno, Jorge, che bella sorpresa! Ma che ci fai qui? Non è ancora estate...»

La voce inconfondibile di Esther risuona nelle stanze ancora deserte del laboratorio Hickethier-Bachmann, dove l'adolescente Jorge Bergoglio si è presentato all'improvviso alle sette del mattino di una fredda e piovosa giornata di giugno del 1953: l'Argentina, trovandosi nell'emisfero australe, ha le stagioni invertite rispetto ai Paesi che si trovano nell'emisfero boreale.

Il ragazzo lì è ormai di casa: lo conoscono bene perché nei mesi estivi, tra dicembre e marzo, svolge in quello studio di analisi chimiche del barrio di Recoleta a Buenos Aires la pratica sul campo prevista dal programma scolastico: il suo compito è fare controlli di qualità sugli alimenti.

Papà Mario ha insistito tanto, vuole che il figlio durante la stagione calda possa fare l'esperienza del lavoro, e così Jorge si è rimboccato le maniche: coniugare l'impegno in azienda con lo studio gli costa molta fatica, ma non è l'unico a uscirne tutte le sere a pezzi. La pratica in fabbrica o in laboratorio è infatti prevista dall'istituto che frequenta, l'Escuela Industrial n. 12. Il programma estivo per tutti gli studenti delle classi terze, quarte e quinte è diviso in lezioni teoriche pomeridiane, dalle quattordici alle diciotto, e pratica mattutina, dalle sette alle tredici. Soltanto un'ora di pausa, il tempo del tragitto dal laboratorio alla scuola, con un panino tra i denti. Alla fine dei sei anni arriverà il diploma di perito chimico.

Il motivo della visita improvvisa di Jorge, però, in quella mattina d'inizio inverno, non è legato al programma scolastico: prima di entrare in classe il sedicenne vuole semplicemente fare un saluto e due chiacchiere con la responsabile del laboratorio.

Si chiama Esther Ballestrino, è una biochimica paraguayana di trentacinque anni, fuggita dal suo Paese a causa delle persecuzioni subite durante la dittatura del genera-

le Higinio Morínigo Martínez. Esther è, infatti, un'attivista marxista, fa parte del Partito Rivoluzionario Febrerista ed è impegnata in prima linea nella difesa di donne e lavoratori delle campagne: le sue parole e le sue azioni non sono tollerate dalle autorità del Paraguay e così Esther è stata costretta a scappare e rifugiarsi nell'Argentina di Juan Domingo ed Evita Perón.

La giovane donna, sempre molto elegante e dai folti capelli castani, alternando dolcezza e severità, ha insegnato a Jorge come utilizzare i microscopi, lo ha messo alla prova con gli alambicchi e le provette, ma con lui ama parlare, anche fuori dall'orario di pratica, dei fatti d'attualità, di cosa accade nel mondo, del pensiero marxista e dei diritti dei lavoratori.

Il suo ufficio ha la porta sempre aperta: è immersa tra grossi schedari e attrezzature per gli esami di laboratorio; sulla scrivania, oltre alla pila di scartoffie e ai risultati di test da inviare alle aziende che ne hanno fatto richiesta, c'è sempre un quotidiano. Esther prende il giornale in edicola ogni mattina e legge le notizie durante qualche pausa dal lavoro. Quella mattina, nelle pagine degli esteri, si parla dell'esecuzione nel penitenziario di Sing Sing di Julius ed Ethel Rosenberg, uccisi sulla sedia elettrica dopo esser sta-

ti condannati a morte due anni prima con l'accusa di essere spie dell'Unione Sovietica. Secondo il giudice, i coniugi avrebbero consegnato ai sovietici informazioni top secret sulle armi nucleari.

«Jorge, senti qua...» dice Esther per richiamare l'attenzione del ragazzo. E inizia a leggere ad alta voce l'articolo.

«Alla poveretta hanno dovuto dare più scosse elettriche del previsto, perché non moriva... Ecco gli effetti della guerra fredda, o meglio, gli effetti più crudeli del maccartismo» aggiunge la donna.

Quella parola, maccartismo, non è nuova per Jorge: l'ha già sentita pronunciare da alcuni professori che commentavano una vecchia vignetta del 1950 del fumettista Herbert Block, pubblicata sul Washington Post e diventata famosa in tutto il mondo, nella quale si utilizzava per la prima volta quel termine.

Gli Stati Uniti vivono infatti, in quegli anni, in un clima di crescenti tensioni sociali a causa di una commissione diretta dal senatore Joseph McCarthy e creata per scovare attività antiamericane per mano di sospetti comunisti, uomini e donne che con la loro ideologia avrebbero potuto minare le fondamenta della società americana. Nel mirino finiscono artisti, giornalisti, scrittori, uomini e donne di cultura, *membri dell'esercito e funzionari governativi. Si inizia a parlare di* caccia alle streghe, *la* paura rossa *sembra aver preso il sopravvento, mentre i due blocchi, quello americano e quello sovietico, sono sempre più distanti. In questo scenario, l'Argentina peronista dei* descamisados *vive un periodo di distacco dalla storica influenza statunitense, decidendo di non allinearsi nella guerra fredda e annunciando una terza posizione: né con i capitalisti, né con i comunisti.*

Era un periodo molto *caldo* dal punto di vista della politica internazionale, perché la guerra fredda toccava le tasche di tanta gente e questo innescava dichiarazioni pubbliche molto provocatorie, proteste, sospetti e spesso anche ritorsioni. Ricordo sui giornali argentini tante vignette satiriche sull'Unione Sovietica e sugli Stati Uniti, due giganti che si facevano una guerra sotterranea, all'apparenza senza armi, ma con minacce e attività di spionaggio.

Si raccontava anche la lotta per prendere il potere in Unione Sovietica dopo la morte di Stalin, episodio che ricordo ancora nitidamente: c'era chi parlava di liberazione e chi invece viveva quel momento con grande tristezza. I nostalgici stalinisti! Mi torna in mente anche la brutta vicenda dei coniugi Rosenberg, che avvenne in questo clima di sospetto, il maccartismo, con la ricerca di possibili spie comuniste sul territorio americano.

Ricordo che anche il Papa, all'epoca era Pio XII, chiese in un messaggio che questa coppia fosse risparmiata dalla condanna a morte: per la Chiesa, infatti, quanto accaduto e quanto avviene ancora oggi in tanti Paesi del mondo è inammissibile! Per chi riceve una condanna deve esserci sempre una finestra di speranza; la pena capitale, invece, è la sconfitta della giustizia. Fino all'ultimo momento una persona può redimersi, può cambiare, questa pratica invece non permette tale possibilità, distruggendo ciò che di più importante abbiamo ricevuto in dono dal Signore: la vita. E mi domando: chi sono queste persone per decidere di togliere la vita ad altri? Forse pensano di mettersi al posto di Dio! Voglio ribadire che serve, oggi più che mai, una mobilitazione spirituale collettiva di tutti i cristiani per sostenere concretamente le associazioni che ogni giorno lottano per l'abolizione della pena di morte. Dobbiamo essere uniti in questo!

Nella società argentina durante gli anni Cinquanta si discuteva marginalmente del maccartismo americano, se ne sentiva parlare soltanto a livello di cronaca sui giornali o in qualche dibattito televisivo, perché avevamo già le nostre questioni di politica interna da risolvere. In quegli anni, pur dedicandomi anche a letture di tipo politico, come gli altri ragazzi della mia età avevo altri pensieri per la testa, come ritrovarmi con gli amici, andare a caccia di nuovi libri venduti a prezzi stracciati o praticare sport. Posso però dire che la storia dei Rosenberg, così come questo fenomeno sociale degli Stati Uniti, mi furono ben spiegati da Esther, che era appunto il mio capo al laboratorio: una donna formidabile, le devo davvero tanto. Lei sì, era una comunista di quelle vere, atea ma rispettosa: pur avendo le sue idee, non attaccava mai la fede, nemmeno quando parlava in privato con qualche amica. E mi ha insegnato tanto di politica: in quel periodo mi dava da leggere delle pubblicazioni fra cui quella del Partito Comunista, *Nuestra Palabra*, e *Propósitos*, e mi ero appassionato agli articoli di Leónidas Barletta, uno scrittore e regista argentino, figura di spicco della sinistra indipendente. Tuttavia, non abbracciai mai l'ideologia comunista: quelle erano letture che si fermavano soltanto a un piano intellettuale, oltre che un modo per conoscere quel mondo da cui proveniva Esther.

A tal proposito, qualcuno, dopo la mia elezione a Papa, ha detto che parlo spesso dei poveri perché anche io sarei un comunista o un marxista. Anche un cardinale amico, una volta, mi ha raccontato che una signora, una buona cattolica, gli ha detto di esser convinta che Papa Francesco fosse l'antipapa. La motivazione? Perché non uso le scarpe rosse! Ma parlare dei poveri non significa automaticamente essere comunisti: i poveri sono la bandiera del Vangelo e sono nel cuore di Gesù! La povertà non ha ideologia, la Chiesa non ha e non può avere ideologie, non è un parlamento, come dico spesso! Non si può ridurre tutto a fazioni di destra o di sinistra. Prendiamo per esempio gli Atti degli Apostoli, al capitolo 4, versetto 32, dove si legge che «la moltitudine di coloro che erano diventati credenti aveva un cuore solo e un'anima sola e nessuno considerava sua proprietà quello che gli apparteneva, ma fra loro tutto era comune». Ecco, nelle prime comunità cristiane si condivideva la proprietà:

questo non è comunismo, questo è cristianesimo allo stato puro!

Tornando a Esther, sul maccartismo mi diceva che era necessario avere lucidità e saggezza per discernere e capire perché si parlasse di *pericolo comunista* per la democrazia americana. Lo spettro comunista veniva agitato in modo strumentale? O c'era davvero il pericolo che i segreti di Stato venissero diffusi? Erano domande che all'epoca in tanti si ponevano.

Molti anni dopo quelle nostre conversazioni, Esther iniziò una battaglia dolorosa, fondando con altre due donne l'associazione delle Madri di Plaza de Mayo, che radunava le mamme disperate dei *desaparecidos*: aveva stabilito la sede di questo gruppo nel barrio di San Cristóbal, nella parrocchia di Santa Cruz, dove adesso questa cara amica è sepolta. Ma di questo parlerò più avanti.

Cara amica, sì, ma mi fece anche vedere i sorci verdi! Al lavoro era estremamente precisa: se le portavo troppo in fretta i risultati di un'analisi si insospettiva e mi chiedeva di ripeterla. Oppure, se non facevo qualche test perché lo ritenevo inutile, lei insisteva per farmelo fare, rimproverandomi: «Jorge, le cose vanno fatte con attenzione, per bene!». Ci teneva davvero tanto che fossimo tutti seri e meticolosi.

In effetti ci ero abituato: prima di iniziare a fare pratica in quel laboratorio, avevo lavorato anche durante l'intera estate del 1950, come addetto alle pulizie nella tintoria dove papà era contabile, vicino a casa. Poi, ogni tanto, svolgevo dei lavoretti di segreteria. In quel periodo ero solito trascorrere molto tempo anche a casa dei miei nonni materni, Maria e Francesco, in Calle Quintino Bocayuva, e spesso a pranzo si vedeva don Enrico Pozzoli. Momenti bellissimi!

Del resto quegli anni, gli anni Cinquanta, sono stati i più importanti della mia vita: è stato in quel decennio che ho fatto l'esperienza del lavoro, dell'amore, della morte scampata per un pelo e della vocazione sacerdotale. Quest'ultima arrivò, all'improvviso, in una strana giornata di inizio primavera.

L'inverno, tra studio e lezioni in aula, è volato via. Ed è già primavera, nell'emisfero australe. Lunedì 21 settembre 1953 Buenos Aires si è risvegliata immersa in un'aria di allegria per l'inizio della bella stagione, gli allievi delle scuo-

le si sono dati appuntamento per la festa dello studente che ogni anno coincide proprio con l'arrivo del bel tempo. Nonostante non siano ancora le otto, Jorge va di fretta, si sta già preparando per uscire; vuole mettere il completo che gli ha stirato la mamma perché è un giorno speciale: ha appuntamento alla stazione di Flores con alcuni amici e da lì si uniranno agli altri compagni per andare a festeggiare con un picnic fuori città. Papà Mario è andato via presto. Ha accompagnato María Elena, la piccola di casa, alla scuola materna e, prima di salutare tutti, ha acceso come ogni mattina la radio. Da qualche tempo, con l'avvento della televisione, la qualità dei programmi è un po' peggiorata: gli storici speaker radiofonici sono passati alla tv, ma in casa Bergoglio la tradizione è rimasta intatta, soprattutto perché Mario, oltre ad amare la musica classica, che viene diffusa anche al mattino, non si può ancora permettere quel nuovo elettrodomestico che già da due anni trasmette in tutto il Paese.

Alcune settimane prima di quel lunedì di festa, i notiziari televisivi, così come i giornali e le radio, hanno raccontato la fine della guerra di Corea avvenuta a luglio e poi l'elezione, il 7 settembre 1953, di Nikita Krusciov come primo segretario del Partito Comunista dell'Unione Sovietica;

per molti, superati gli anni drammatici dello stalinismo, quell'elezione significa soltanto una cosa: la fine della guerra fredda. Altri invece la vedono solo come una parentesi, e sono convinti che ci vorrà del tempo prima che si esca da quella logica che vede il mondo diviso in due blocchi.

Jorge, che grazie a Esther si è appassionato alle letture politiche, quando è a casa segue attentamente queste notizie per poi discuterne con lei e sentire il suo parere. Cerca, insomma, di tenersi informato il più possibile per capire come si sta muovendo il mondo. Ne discute spesso anche insieme al suo gruppo di amici, alcuni dei quali lavorano con lui al laboratorio chimico: quando si ritrovano la sera a ballare il tango o il rock, tra una partita a biliardo e l'altra, parlano anche del comunismo, del peronismo e del capitalismo americano. La guerra fredda e i suoi effetti sull'economia mondiale, in quegli anni, sono tra i temi più discussi da quel gruppo di adolescenti.

Ma ci sono anche altri interessi, com'è naturale: la collezione di francobolli di Jorge è diventata ormai di una certa importanza, frequenta l'Azione Cattolica in parrocchia, ama sempre di più ascoltare l'opera in radio e i notiziari sportivi per sapere le ultimissime sul San Lorenzo de Almagro. Lui e papà Mario sono dei veri tifosi! Quel giorno d'ini-

zio primavera, però, non può esser sprecato dietro alle notizie della radio: gli amici lo aspettano in stazione.

Leggendo i giornali e ascoltando i notiziari in radio, si percepiva molto bene che, con l'elezione del nuovo segretario del Partito Comunista dell'Unione Sovietica, sarebbe iniziata una fase di disgelo tra USA e URSS, ma allo stesso tempo quelli sarebbero stati anni di competizione sul piano tecnologico, industriale e, soprattutto, per la corsa alla conquista dello spazio. Mentre negli Stati Uniti era arrivato un nuovo presidente repubblicano, Dwight Eisenhower, in Unione Sovietica si viveva la fine del periodo del pugno duro di Stalin e con Krusciov era iniziata un'epoca più pacifica. I due grandi blocchi avevano capito come convivere evitando la guerra: in pratica si accettavano tacitamente, rimanendo sulle proprie posizioni, convinti che le cose sarebbero andate naturalmente a proprio favore. La cosa importante è che in quel periodo storico, fino alla crisi dei missili di Cuba nel 1962, si capì che l'utilizzo delle armi atomiche non avrebbe risolto alcuna divergenza. Oggi invece, paradossalmente, la miopia umana sembra aver riaperto quel clima di guerra fredda: qualcuno forse ha dimenticato che per decenni il mondo ha vissuto con il fiato sospeso, sull'orlo di una crisi devastante. Ci siamo salvati davvero per poco! Eppure, ancora oggi, sentiamo evocare la minaccia di guerra nucleare che getta sul mondo sconforto e angoscia.

A tal proposito è bene rileggere cosa diceva Papa Giovanni XXIII: «Se è difficile persuadersi che vi siano persone capaci di assumersi la responsabilità delle distruzioni e dei dolori che una guerra causerebbe, non è escluso che un fatto imprevedibile ed incontrollabile possa far scoccare la scintilla che metta in moto l'apparato bellico». Non dimentichiamo che sotto la minaccia delle armi nucleari siamo tutti perdenti, non c'è via d'uscita!

Torno con la mente a quel 21 settembre del 1953: ero uscito in tutta fretta di casa, dovevo raggiungere gli amici alla stazione per andare alla festa dello studente. Passai davanti alla basilica di San José de Flores, che frequentavo sin da quando ero bambino, e improvvisamente sentii l'esigenza di entrare e salutare il Signore. Dopo una preghiera in ginocchio, iniziò a crescere dentro di me il desiderio di confessarmi. In genere ero solito farlo ad Almagro, nella basilica di Maria Ausiliatrice, con dei *giganti* del confessionale, che definisco così perché avevano una capacità unica di ascoltare ed erano dei veri testimoni della misericordia: padre Scandroglio, che mi metteva sempre un po' di paura, padre Montaldo o padre Punto. Lì a San José de Flores, quel giorno, c'era un prete che non avevo mai visto prima, un tale padre Carlos Duarte Ibarra, originario di Corrientes. Mi disse che si trovava per caso a Buenos Aires perché stava curando una brutta leucemia; purtroppo, sarebbe morto l'anno seguente.

Durante quella confessione accadde qualcosa di strano, qualcosa che mi cambiò davvero la vita: vivevo lo stupore di aver incontrato Dio all'improvviso; era lì ad aspettarmi, mi aveva anticipato. Confessandomi con quel prete, mi sentii accolto dalla misericordia del Signore. «Miserando atque eligendo», lo guardò con misericordia e lo scelse, si legge nell'*Homilia 21* del monaco inglese san Beda il Venerabile, quando descrive l'episodio del Vangelo che racconta la vocazione di Matteo, il pubblicano che Gesù sceglie e invita a seguirlo. La meditazione è proposta nell'Ufficio delle letture proprio per la festa liturgica di san Matteo evangelista, che ricorre il 21 settembre. Questa frase, non a caso, è diventata il mio motto episcopale e campeggia ancora oggi sullo stemma da Papa. Dio è colui che ti anticipa sempre: quando commettiamo peccato, lui è lì che ci aspetta per perdonarci, per accoglierci, per darci il suo amore. E così la fede cresce sempre di più. Posso dire che quel giorno "caddi a terra", come raccontato da san Paolo di Tarso negli Atti degli Apostoli quando riceve la chiamata del Signore.

Altro che picnic con gli amici! Stavo vivendo un momento bellissimo della mia vita, mi stavo abbandonando totalmente nelle mani di Dio! Ero sopraffatto, sentii il bisogno di correre a casa e di rimanere da solo, in silenzio. E ci rimasi per un bel po'.

Non a caso, in famiglia, della mia chiamata al sacerdozio non feci parola con nessuno per due anni, fino al diploma, quando venne il momento di scegliere l'università; eravamo già nel 1955 e l'unico a sapere qualcosa era padre Duarte, che mi seguì lungo un intenso cammino di fede fino alla sua morte. Inizialmente non ne parlai nemmeno con i miei compagni di scuola: nel gruppo più stretto eravamo in dieci e ci facevamo chiamare per scherzo i dieci *muchachos*. Con loro organizzavamo spesso serate in un club nel barrio di Chacarita: giocavamo a biliardo, discutevamo di questioni politiche e ballavamo il tango. Mi piacevano molto l'orchestra di Juan D'Arienzo e poi i cantanti Julio Sosa e Ada Falcón, che dopo varie vicende amorose si fece suora e andò a vivere in un villaggio nella provincia di Córdoba.

Poi arrivò il momento di parlarne a papà. Presi coraggio e glielo dissi: ne fu contento. Avevo invece paura di dirlo alla mamma, sapevo che lei non avrebbe accettato quella mia scelta e così inventai che avrei studiato medicina. Un giorno, però, mentre faceva le pulizie in casa scoprì che avevo sulla scrivania dei libri di teologia e di filosofia. Di fronte al rimprovero per quella bugia le risposi sorridendo: «Sto studiando davvero medicina, mamma, quella dell'anima!». Non la prese bene e per tranquillizzarla le parlò papà; a quel punto lei tornò da me e mi disse: «Non so, non ti ci vedo, Jorge, sei già grande, prova a finire l'università e poi decidi...». È chiaro che per il suo primogenito sognava un futuro da medico!

Nonna Rosa, invece, fu molto felice, ho ancora impresse nella mente le sue dolci parole piene di misericordia: «Ricordati, Jorge, che la porta di casa rimarrà sempre aperta, nessuno ti rimprovererà se un giorno deciderai di tornare a casa, ma se Dio ti chiama, allora vai, sei benedetto!».

E così, anche grazie alla guida spirituale di don Enrico Pozzoli, che parlò a lungo con i miei genitori durante la festa per i loro venti anni di matrimonio, feci la mia scelta e a diciannove anni, accompagnato da quel bravo salesiano, entrai al seminario arcidiocesano di Villa Devoto. Lì mi fu affidato l'incarico di occuparmi dei seminaristi più giovani; tra questi c'era un bambino di dodici anni, tale Leonardo Sandri, figlio di emigranti trentini, che poi ho ritrovato in Vaticano come cardinale.

Durante quell'anno in seminario ebbi anche una piccola sbandata: è normale, altrimenti non saremmo esseri umani. Avevo già avuto una fidanzata in passato, una ragazza molto dolce che lavorava nel mondo del cinema e che in seguito si è sposata e ha avuto dei figli; questa volta invece mi trovavo al matrimonio di uno dei miei zii e rimasi abbagliato da una ragazza.

Mi fece davvero girare la testa per quanto era bella e intelligente. Per una settimana ebbi la sua immagine sempre nella mente e mi fu difficile riuscire a pregare! Poi per fortuna passò, e dedicai anima e corpo alla mia vocazione.

Fino all'ennesima prova: era l'agosto del 1957, i nonni erano in procinto di festeggiare il cinquantesimo anniversario di matrimonio, ma alcuni giorni prima in seminario tutti si presero l'influenza. Anche io fui contagiato, ma mentre gli altri ragazzi guarivano e uscivano, io rimanevo chiuso in stanza perché la febbre non voleva passare. Poi un giorno mi aggravai: avevo la temperatura corporea altissima e il rettore, impaurito, mi portò di corsa all'Hospital Sirio Libanés. Mi diagnosticarono una seria infezione e quel giorno mi tolsero un litro di liquido dai polmoni. Mi seguiva un'infermiera italiana a cui devo la vita: suor Cornelia Caraglio, dell'ordine delle domenicane. Si era resa conto che le dosi di penicillina che mi prescrivevano i medici erano troppo basse. Lei, invece, mi somministrò le giuste quantità per quel tipo di problema, salvandomi. Tutti i giorni, poi, venivano dei miei compagni di seminario, che avevano il mio stesso gruppo sanguigno, a donarmi il sangue. Avevo intorno tanti angeli custodi!

Il ricovero fu lungo, rimanevo molto tempo in silenzio. Pensavo a cosa sarebbe potuto accadermi, pregavo la Madonna e in un certo senso mi preparavo anche alla morte: questa sarebbe potuta arrivare all'improvviso, non si poteva escludere. La mamma ogni volta che veniva a trovarmi, infatti, scoppiava a piangere, altri provavano a consolarmi. Poi, a novembre dello stesso anno, mi tolsero il lobo superiore del polmone destro dove si erano formate tre cisti; un intervento chirurgico con le tecniche di quel tempo: potete immaginare i tagli che fecero e quanto fu grande per me la sofferenza.

Uscito dall'ospedale presi la decisione di lasciare il seminario arcidiocesano per entrare in un ordine religioso, i gesuiti: ero molto attratto dalla loro vocazione missionaria e mi piaceva la disciplina che seguivano. Mi avrebbero ammesso in seminario a marzo, ma eravamo ancora a novembre e stava per iniziare l'estate. Grazie a don Enrico Pozzoli, trascorsi un mese in una residenza di montagna, Villa Don Bosco, a Tandil, in mezzo al verde con i giovani chierici. Don

Pozzoli non provò mai a convincermi a entrare nella loro congregazione: non faceva proselitismo, rispettò la mia scelta.

E così l'11 marzo del 1958 entrai nella Compagnia di Gesù. Furono lunghi anni prima di studio in Argentina e in una missione in Cile, poi d'insegnamento a Santa Fe, nel collegio della Inmaculada Concepción e a Buenos Aires, nel collegio del Salvador: eravamo già a metà degli anni Sessanta ed ero lì in veste di *maestrillo*, ovvero di tirocinante, e per la mia giovane età, nemmeno trent'anni, gli studenti mi avevano soprannominato *carucha*, "faccia da bimbo". Erano proprio creativi quei ragazzi!

In queste scuole insegnavo letteratura e psicologia a degli alunni davvero curiosi e spesso anche un po' ribelli. Una volta, un mio allievo di nome Roberto prese a schiaffi un ragazzo più piccolo durante una partita di pallone. Era una cosa grave, ma, anziché dargli subito una punizione, pensai a una lezione diversa: lo convocai in classe in un certo giorno a una certa ora e, quando si presentò, insieme a me trovò ad aspettarlo altri suoi dieci compagni seduti in cerchio. Io gli chiesi di spiegare a ognuno di loro cosa fosse accaduto e il perché di quel gesto. Alcuni amici lo consolarono, altri gli diedero dei consigli, qualcun altro invece la prese sul ridere: feci finta di non vedere. Poi quella speciale "commissione studentesca" decise la punizione: scuse immediate al ragazzo schiaffeggiato e sospensione di due settimane dalle attività sportive. Il senso di quella mia scelta fu duplice: da un lato furono gli stessi allievi e non i professori a sanzionare un comportamento scorretto; dall'altro, con quella trovata, i ragazzi sperimentarono il significato della parola "comunità".

Ricordo poi, sempre al collegio di Santa Fe, un altro allievo, Jorge Milia, che da grande è diventato avvocato e che oggi è anche scrittore e giornalista. Non presentò in tempo un elaborato di letteratura e per questo fu rimandato. Sostenne un brillante esame di riparazione davanti a una commissione formata da me e da altri due confratelli. Avrebbe meritato un dieci pieno, ma, su mia proposta, decidemmo di dargli nove. Gli dissi: «L'esame è da dieci, ma lei avrà nove, così non dimenticherà i suoi anni in questo collegio». E credo che il povero Jorge lo ricordi ancora oggi! Con lui siamo ancora in contatto: si è trasferito a Maiorca e ogni tanto viene a trovarmi in Vaticano.

C'era tanto entusiasmo tra quei ragazzi che si avviavano verso l'università: erano gli anni in cui dall'Europa arrivava anche dalle nostre parti il fenomeno dei Beatles, un gruppo rock che all'epoca non conoscevo. Era il 1965 e un giorno bussò alla mia porta un gruppetto di studenti che volevano metter su un complesso per emulare quegli artisti britannici, ma non avevano spazi e mezzi per comporre il quartetto. Mi mostrarono un disco con una foto del gruppo di Liverpool e, vedendoli con i capelli lunghi, feci loro una battuta: «Non vorrete mica diventare capelloni come loro?». Poi facemmo un patto: loro avrebbero dovuto impegnarsi sodo e io li avrei sostenuti. Riuscii con non poca fatica a fargli avere una sala per le prove settimanali, l'attrezzatura per l'audio (microfoni e casse acustiche) che in genere utilizzava il rettore del collegio e un traduttore, un nostro studente che avrebbe ascoltato i dischi dei Beatles e avrebbe tradotto in spagnolo i testi delle canzoni. Incoraggiai quei giovani a esibirsi pubblicamente davanti ai loro compagni, anche se furono eventi non proprio fortunati a causa di qualche disavventura con l'amplificazione che non funzionava! Dopo gli esami del quinto anno, purtroppo, ognuno seguì la propria strada per l'università e il complesso si sciolse, ma fu un bell'esperimento e, soprattutto, l'ennesima occasione per fare comunità!

Devo dire che erano tutti ragazzi molto attenti, soprattutto quelli degli ultimi due anni di liceo: durante i corsi di storia della letteratura spagnola e argentina cercavo di spingerli alla scrittura creativa e spiegavo loro che era necessario distinguere ciò che dicevano i libri di scuola da ciò che dicevano gli autori. E per questo organizzai diversi incontri in classe con alcuni scrittori: venne a trovarci María Esther Vázquez, che teneva un programma di letteratura in radio e collaborava con Jorge Luis Borges, col quale aveva scritto dei libri; tempo dopo ospitammo lo stesso Borges, che tenne una serie di incontri memorabili. Invitai anche María Esther de Miguel, all'epoca giovane autrice del bestseller argentino *Los que comimos a Solís*, che colpì molto i ragazzi per le sue parole e anche per la sua bellezza!

Per gli allievi queste furono esperienze formative molto importanti, ma lo furono anche per me che intanto, passo dopo passo, mi preparavo all'ordinazione sacerdotale, nel 1969.

V

LO SBARCO SULLA LUNA

Le luci del Colegio Máximo de san José, nonostante l'ora tarda, sono ancora accese. L'enorme edificio in mattoni risalente agli anni Trenta, immerso in trentasei ettari di verde a San Miguel, cinquanta chilometri a nord-ovest dal centro di Buenos Aires, ospita i seminaristi della Compagnia di Gesù, studenti di filosofia e teologia, che si sono riuniti per un'occasione speciale da seguire in televisione.

Sono quasi le ventidue di domenica 20 luglio 1969: fuori fa molto freddo, in giro a quell'ora c'è già poca gente; alcuni sono in casa a godersi lo spettacolo seduti in poltrona accanto a una stufa, altri sono ospiti di qualche amico o in qualche bar ancora aperto. La sala tv dell'istituto dei gesuiti è molto semplice: una quarantina di sedie in tutto, un crocifisso appeso alla parete bianca, delle enormi tende verdi lunghe fino al pavimento. E al centro, in posizione rialzata, un televisore di medie dimensioni. I posti a sedere sono tutti occupati, il rettore ha dato agli studenti il permesso di rimanere svegli per seguire la storica diretta dello sbarco sulla Luna. Ma il riscaldamento, come tutti i giorni a quell'ora, è già spento.

C'è anche il giovane Jorge seduto in quella sala; il televisore, uno dei quasi due milioni di apparecchi in funzione in Argentina, è sintonizzato su Canal 13: il telegiornale Telenoche *ha inviato la famosa conduttrice Mónica Cahen D'Anvers negli Stati Uniti, al Kennedy Space Center della NASA, a Cape Canaveral, in Florida, da dove è decollato il razzo Saturn V della missione Apollo 11 con a bordo gli astronauti Neil Armstrong, Buzz Aldrin e Michael Collins. È un evento storico per il mondo intero, e per l'Argentina lo è ancora di più perché per la prima volta il Paese riceve una trasmissione in diretta attraverso una nuovissima stazione satellitare installata nella città di Balcarce, un piccolo centro isolato, in mezzo al verde, a sud-est della capitale.*

Le lancette dell'orologio segnano già le ventidue e cinquanta, l'emozione di assistere a quel momento storico e po-

ter dire «io c'ero» tiene tutti svegli, grandi e piccoli, anche se il trentaduenne Jorge Mario Bergoglio, a quell'ora, avrebbe preferito restare chiuso in camera e mettersi presto a letto: tra meno di cinque mesi sarà finalmente ordinato sacerdote e la sera ha voglia di rimanere in silenzio, in preghiera, per prepararsi a quel grande evento della sua vita. Proprio nei giorni precedenti l'ordinazione, infatti, durante un momento di grande intensità spirituale, ha scritto di suo pugno una professione di fede. Ha poi ancora delle lettere a cui rispondere, tra cui quelle di qualche suo ex allievo del collegio di Santa Fe, un libro di poesie di Friedrich Hölderlin sul comodino e degli appunti da rileggere. E la mattina ama svegliarsi molto presto.

Vedere l'uomo che mette piede sulla Luna, però, è un'occasione che non si ripeterà: non a caso i principali giornali del Paese, usciti in edicola quella stessa mattina, hanno in prima pagina titoli a caratteri cubitali dedicati proprio all'allunaggio. Non si sente volare una mosca tra i seminaristi, nemmeno tra quelli più chiacchieroni: sono tutti in silenzio per seguire le parole dell'inviata negli Stati Uniti e il commento dello speaker in studio a Buenos Aires.

Fu una notte davvero indimenticabile! Eravamo tutti lì davanti allo schermo nella sala tv a seguire quelle immagini che arrivavano da così lontano. In effetti non potevamo perdere questo appuntamento, a maggior ragione perché avevamo la fortuna di avere un televisore lì al collegio e a quei tempi era quasi un lusso. Pur essendo una trasmissione in bianco e nero, la qualità delle immagini era abbastanza buona: fu impressionante vedere i passi di Neil Armstrong sulla polvere, con lo speaker della tv argentina che traduceva, in simultanea, il commento in inglese della CBS, la televisione americana che forniva la diretta. E infatti, a un certo punto, fu riportata in spagnolo quella frase dell'astronauta che poi rimase nella storia: «Questo è un piccolo passo per un uomo e un gigantesco balzo per l'umanità». Che emozione!

Alcuni ragazzi avevano acceso il televisore già alle tre del pomeriggio, quando era iniziata la diretta. La trasmissione proseguì fino a notte fonda, una maratona ininterrotta dal primo pomeriggio: basti pensare che Armstrong mise piede sul suolo lunare soltanto sei ore dopo l'allunaggio, quando in Argentina erano quasi le ventitré e tutti erano lì con il fiato sospeso. Io invece quel giorno avevo molto da fare e per questo mi presentai in sala intorno alle dieci di sera, quando ormai eravamo a ridosso dello sbarco. Negli attimi in cui l'astronauta poggiò il piede sulla Luna e poco dopo, quando con il collega Aldrin piantò sul suolo lunare la bandiera americana, rimanemmo tutti a bocca aperta e controllammo l'orologio per ricordare per sempre quel momento. Era tutto talmente incredibile!

Peraltro, i giorni precedenti in Argentina erano stati segnati da aspre polemiche perché un guasto al satellite aveva impedito di seguire, il 16 luglio, il lancio del razzo nello spazio, l'inizio della missione Apollo 11. E quindi quella sera c'era grande attesa, ma anche il timore che la diretta s'interrompesse sul più bello.

In collegio, come altrove, non mancava qualche guastafeste che con un pizzico di polemica durante la diretta aveva iniziato a dire: «Fidatevi, sono tutte bugie, queste sono scene riprese in un teatro di posa!». Si era aperta anche una discussione su ciò che il progresso tecnologico potesse essere in grado di fare e non fare; per fortuna intervenne prontamente uno dei superiori, mettendo a tacere chi stava parlando: il momento era troppo importante per esser rovinato così. Quella sera, però, credo che tutti indistintamente capimmo che il mondo sarebbe in qualche modo cambiato.

Il progresso è fondamentale, si deve andare sempre avanti, ma deve essere armonico con la capacità dell'essere umano di gestirlo. Se non è armonico e va avanti da solo, si trasforma in qualcosa di inumano che non si può gestire. Succedeva allora e succede oggi, per esempio, con l'intelligenza artificiale che è sempre più presente nella vita di tutti noi e che, se utilizzata in modo sbagliato o criminale, può essere un grande pericolo. Pensiamo alle fake news che vengono sostenute da false prove create ad arte con questi nuovi strumenti tecnologici. Ciò non può che sollevare nuove riflessioni e aprire questioni inedite: è necessario un approccio etico a queste nuove realtà; non a caso, ho parlato in passato di *algoretica*, un nuovo campo di studio utile a indagare i processi delle interazioni tra gli esseri umani e le macchine, per assicurarsi che avvengano sempre nel perimetro del rispetto della persona.

Di fronte a quelle immagini dell'uomo sulla Luna provavamo stupore, riuniti in comunità ci sentivamo piccoli di fronte alla grandezza di quanto stava succedendo. E lo stesso accade quando pensiamo allo spazio: siamo soltanto una piccola goccia nell'infinità dell'universo. Se un domani si scoprirà che ci sono altre forme di vita, là fuori, sarà soltanto perché Dio lo ha voluto! L'esistenza e l'intelligibilità dell'universo non sono frutto del caos o del caso, ma della Sapienza divina, presente, come si legge nel libro dei Proverbi al capitolo 8, versetto 22, «come inizio della sua attività, prima di ogni sua opera, all'origine».

Bisogna sempre perseverare nella ricerca della verità, accettare con umiltà tutte le novità delle scoperte scientifiche e non commettere gli errori del passato: camminando verso i confini della conoscenza umana si può fare un'esperienza autentica del Signore, che è in grado di colmare il nostro cuore.

Il nostro faro sono i princìpi della Dottrina sociale della Chiesa, che ci offrono un contributo decisivo: giustizia, dignità della persona, sussidiarietà e solidarietà. Fa male, invece, quando le nuove scoperte tecnologiche o scientifiche vengono impiegate per altri scopi: pensiamo all'utilizzo delle nuove tecnologie in guerra, oppure allo sfruttamento di queste nuove conoscenze per creare embrioni in provetta e poi sopprimerli, ricorrere alla pratica dell'utero in affitto, una pratica inumana e sempre più diffusa che minaccia la dignità dell'uomo e della donna, con i bambini trattati come merce.

A tal proposito dobbiamo difendere sempre la vita umana, dal concepimento fino alla morte; non mi stancherò mai di dire che l'aborto è un omicidio, un atto criminale, non ci sono altre parole: significa scartare, eliminare una vita umana che non ha colpe. È una sconfitta per chi lo pratica e per chi si rende complice: dei killer prezzolati, dei sicari! Mai più aborti, per favore! È fondamentale difendere e promuovere sempre l'obiezione di coscienza. Come aiutare queste donne? Con la vicinanza e l'accoglienza, perché non arrivino alla scelta drastica dell'aborto, che di certo non è la soluzione ai loro problemi. Bisogna far comprendere che la vita è sacra, è un dono che abbiamo ricevuto da Dio e non si può buttare via così: finché avrò voce lo griderò, lo faccio nei miei discorsi e nelle mie omelie da quel lontano 1969, l'anno della mia ordinazione sacerdotale e dello sbarco dell'uomo sulla Luna.

Dopo quella storica serata, il mondo non parla d'altro. L'allunaggio è l'argomento del momento, l'America è in festa, Armstrong e Aldrin, insieme al collega Michael Collins – il pilota del modulo di comando Columbia *dell'Apollo* 11 *– sono i nuovi eroi: i bambini iniziano a sognare di diventare come loro, radio e televisioni trasmettono edizioni speciali e approfondimenti dove si snocciolano le varie teorie, tra cui anche quelle complottistiche.*

Dopo lo sbarco sulla Luna, il mondo adesso ha gli occhi puntati al rientro sulla Terra degli uomini dello spazio, *rimasti per circa due ore e mezza sul suolo lunare, fuori dalla navicella. Jorge è curioso di sentire i commenti dei suoi familiari, per questo l'indomani mattina parla al telefono con la mamma e la nonna per sapere se hanno seguito la diretta: anche loro, in effetti, erano davanti alla tv. Emozionate e ancora incredule.*

Sentimenti che colpiscono anche tanti compagni del giovane Bergoglio: in collegio si discute con grande attenzione di quell'impresa, il rettore ha affisso in una delle bacheche il testo del messaggio che il Papa, Paolo VI, ha pronunciato la sera prima dalla Specola di Castel Gandolfo. Papa Montini, dopo aver guardato la Luna dal telescopio, ha seguito la diretta televisiva, con al fianco padre Daniel O'Connell, di-

rettore dell'Osservatorio Astronomico Vaticano. «Qui, parla a voi astronauti, dalla sua Specola di Castel Gandolfo, vicino a Roma, il Papa Paolo VI. Onore, saluto e benedizione a voi, conquistatori della Luna, pallida luce delle nostre notti e dei nostri sogni! Portate ad essa, con la vostra viva presenza, la voce dello spirito, l'inno a Dio, nostro Creatore e nostro Padre.»

In refettorio, durante il pranzo, si commentano quelle parole del Pontefice e le immagini viste in tv. Non si parla di calcio e non ci sono in corso nemmeno dispute filosofiche o teologiche: a tenere banco sono la corsa allo spazio, l'impresa americana e le reazioni della Chiesa e del mondo, inclusa quella dell'Unione Sovietica.

«Jorge, tu ci saresti andato sulla Luna?» chiede scherzando il suo vicino di posto, Andrés, passandogli il piatto con i tortellini in brodo di carne.

«Ah no, io sto bene qui! Ho un impegno importante tra qualche mese, sai?» risponde Bergoglio con il sorriso sulle labbra.

«Finalmente il nostro Jorge diventa prete! Ma chissà dove ti mandano per la terza probazione prima della professione perpetua!» aggiunge un altro studente, Francisco, seduto di fronte.

«Lo saprà il Signore! Pensiamo alla Luna, adesso, che è un argomento più interessante...» taglia corto Jorge, versando dell'acqua al suo interlocutore.

Non si parlava davvero d'altro. E la cosa andò avanti per mesi: la mia preparazione all'ordinazione sacerdotale era accompagnata certamente dalla preghiera davanti al tabernacolo, vissuta come un'esperienza di resa incondizionata al Signore, ma anche dai continui discorsi e dalle notizie sulla nuova frontiera spaziale inaugurata dagli americani.

Dopo il rientro sulla Terra i tre astronauti furono tenuti in quarantena e ricordo che al termine di questo periodo, a metà agosto, ricevettero un'onorificenza dal presidente Nixon e che furono celebrati a New York, Chicago e Los Angeles con delle parate per le strade delle città. A metà ottobre del 1969 andarono anche in Vaticano e furono ricevuti dal Papa. Le parole di Paolo VI quel giorno mi colpirono tanto perché disse, rivolgendosi ai tre astronauti, che l'uomo ha la tendenza naturale a esplorare l'incognito, a conoscere il mistero; ma che ne ha anche paura. E aggiunse che con il loro coraggio erano stati in grado di superare quel timore, permettendo all'uomo di compiere un altro passo verso una maggiore conoscenza dell'universo.

Devo ammettere che anche io, inconsciamente, forse provavo un po' di timore in quei giorni, perché mi aspettava qualcosa di importante: il sacerdozio. Non sapevo cosa sarebbe accaduto dopo e quindi ero impaurito. È umano! Così, con quelle parole di Paolo VI impresse nella mente, ho riflettuto tanto sul tema della paura e ho pensato a Gesù che diceva sempre ai suoi seguaci di non avere timore. Se stiamo con Dio e amiamo i nostri fratelli e le nostre sorelle, allora a trionfare sarà l'amore, il sentimento che, come si legge nel Vangelo di Giovanni, caccia via la paura.

Pensiamo alle grandi religioni: non insegnano paura o divisione. Insegnano armonia, unione, tolleranza. La paura, invece, paralizza le relazioni umane, minaccia la fiducia, alimenta la diffidenza verso l'altro, verso l'ignoto, verso il diverso. Qualcuno potrà ribattere: «Ma cosa posso farci? Ho paura, è più forte di me!». E allora bisogna chiedere il dono dello Spirito Santo che libera dalle paure e apre il cuore. Ci dà la forza di affrontare le situazioni più difficili, anche quelle sconosciute. Basta davvero poco e fa bene, perché se si rimane schiavi dei timori subentrerà un blocco in attesa che accada qualcosa di brutto.

E poi, pregando intensamente e ringraziando il Signore per quel dono che stavo ricevendo, è arrivato finalmente il giorno dell'ordinazione: era il 13 dicembre del 1969, quattro giorni prima del mio trentatreesimo compleanno. Al collegio per la Messa c'erano tutti i miei fratelli, la mamma, che al termine della celebrazione s'inginocchiò e mi chiese la benedizione, e la nonna Rosa che mi guardava con gli occhi pieni di amore e di gioia. Papà, purtroppo, era già morto, se n'era andato nel 1961 dopo aver avuto tre infarti: il primo mentre era allo stadio con mio fratello Alberto e poi altri due nei giorni a seguire. Così come non era presente don Enrico Pozzoli: purtroppo anche lui ci aveva lasciati lo stesso anno di papà. Due perdite immense per me quell'anno.

Riguardo alla nonna, era convinta di non arrivare viva a quel giorno e così due anni prima, nel 1967, mi aveva scritto una lettera molto bella, un po' in italiano e un po' in castigliano, lasciando indicazioni che mi fosse consegnata il giorno dell'ordinazione insieme al suo regalo, una scatola con dentro tutto l'occorrente per l'unzione degli infermi. Invece alla mia ordinazione era presente, eccome! Quella breve lettera la conservo ancora con cura, insieme al suo testamento e a una poesia di Nino Costa, *Rassa Nostrana*, tra le pagine del mio breviario, che apro tutte le mattine.

Scriveva nonna Rosa: «In questo bellissimo giorno in cui puoi tenere tra le tue mani consacrate il Cristo Salvatore e ti si apre un lungo cammino per l'apostolato più profondo, ti faccio questo modesto regalo di scarso valore materiale, ma immenso valore spirituale».

La nonna morì cinque anni dopo, nel 1974, lasciando in eredità a tutti noi nipoti delle parole bellissime che rileggo spesso nei momenti più difficili, anche adesso che sono Papa. Scrisse: «Se un giorno il dolore, la malattia o la perdita di una persona cara dovessero riempirli di afflizione, ricordino sempre che un sospiro al tabernacolo, dove è custodito il martire più grande e augusto, e uno sguardo a Maria ai piedi della croce possono far cadere una goccia di balsamo sulle ferite più profonde e dolorose».

Una grande donna davvero! Il suo cuore, come quello di tanti anziani e anziane, era per me una sorgente da cui è scaturita l'acqua viva della fede che mi ha dissetato. Lei trasmetteva il Vangelo attraverso la tenerezza, la cura, la saggezza: la fede nasce così, si trasmette con un dolce canto dialettale, in un clima di famiglia, nella lingua natale. I nonni e le nonne sono una sorgente preziosissima di cui bisogna prendersi cura, che bisogna custodire e non depositare in un ospizio. Non possono essere considerati degli scarti, non possono esser trattati come un peso. Dobbiamo tutto a loro: ci hanno fatto crescere, ci hanno dato il pane togliendoselo dalla bocca, ci hanno resi ciò che siamo, incoraggiandoci e sostenendoci sempre.

E, invece, può succedere anche nelle migliori famiglie che quando il nonno o la nonna diventa ingombrante o lamentoso per l'età, allora finisce dritto in casa di riposo e lì viene abbandonato. Ma sono certo che, anche se dimenticati e buttati via, loro continuano a pregare per i figli e i nipoti. Rimangono sempre al nostro fianco anche quando non ci sono più. Anche io nei momenti più complicati sento la vicinanza della nonna, così come l'ho sentita tanto durante gli anni più difficili per l'Argentina, quelli più oscuri della dittatura.

VI

IL GOLPE DI VIDELA IN ARGENTINA

Un gruppo di giovani preti in maniche di camicia sta facendo avanti e indietro dal collegio ormai da oltre un'ora. Portano dentro grossi scatoloni, mobili, schedari, libri e numerosi oggetti sacri, finora in uso nella Curia provinciale dei gesuiti. Fa molto caldo, la stagione autunnale è appena iniziata quel 24 marzo del 1976: per le strade di San Miguel, nel Gran Buenos Aires, si vive la vita di tutti i giorni, una vita diventata silenziosa perché, ormai da circa un anno, la gente si è abituata a quel clima di sospetto e di improvvisa violenza che ha colpito diversi settori della società.

A seminare il terrore sono dei gruppi paramilitari di estrema destra, vicini ad alcuni esponenti del governo di

Isabelita Perón; nel mirino ci sono già alcuni sacerdoti e vescovi che lavorano a stretto contatto con i poveri, sospettati per questo di essere dei sovversivi. Ma il bersaglio principale è fissato sulla schiena di chiunque sostenga, più o meno attivamente, l'ideologia comunista.

Il superiore dei gesuiti argentini, padre Bergoglio, trentanove anni, chiamato alla guida della provincia argentina della Compagnia di Gesù da quasi tre anni, ha tra le mani una scatola molto pesante colma di documenti: insieme a quel volenteroso gruppo di sacerdoti sta completando il trasloco degli uffici della Curia al Colegio Máximo de san José a San Miguel, dove padre Jorge ha studiato e dove poi ha iniziato a insegnare, fino a diventare rettore. La sua scelta di trasferire lì il quartier generale dei gesuiti argentini è legata alla volontà di risanare i conti e alla crescita delle vocazioni: queste aumentano ogni anno e Bergoglio ritiene che anche lui, in veste di provinciale, debba stare a stretto contatto con i formatori e con gli stessi nuovi futuri membri della Compagnia.

Il gruppetto di gesuiti, indaffarato per il trasferimento degli scatoloni dal furgone all'interno del collegio, è però ignaro di quanto sta avvenendo in quei precisi momenti nel cuore di Buenos Aires: le forze armate hanno rovesciato il governo Perón e una giunta militare di stampo neoliberista è salita al potere. Il generale Jorge Rafael Videla guida il colpo di Stato e di lì a poco giura come presidente dell'Argentina, affiancato dal capo della Marina, l'ammiraglio Emilio Massera, e dal capo dell'Aeronautica, il generale Orlando Ramón Agosti. Si scatena il caos: la costituzione è sospesa, il Parlamento sciolto, viene proclamata la legge marziale. Radio e tv vengono occupate, i carri armati scendono in strada: chi viene anche soltanto sospettato di essere un sovversivo di sinistra o vicino agli ambienti populisti o sindacali non allineati viene sequestrato e poi torturato in segreto dai militari; questi girano per le strade a bordo di auto verdi senza targa, le famigerate Ford Falcon.

Durante il regime spariscono decine di migliaia di persone, i desaparecidos*: sono soprattutto giovani che, dopo mesi di sevizie, vengono uccisi, molti gettati da elicotteri o aerei militari nell'oceano che li inghiotte ancora vivi, talvolta sotto effetto di droghe: sono i cosiddetti "voli della morte". I loro bambini vengono invece sequestrati e affidati a famiglie vicine al regime. Moltissime persone sono costrette a lasciare il Paese, mentre i prigionieri politici vengono giustiziati: è la cosiddetta "guerra sporca".*

Alcune pattuglie dell'esercito in quel caldo giorno d'autunno arrivano anche a San Miguel e costeggiano il collegio dei gesuiti. Padre Jorge non è per niente sorpreso di vederli ronzare lì intorno: sa bene che i preti sono tenuti d'occhio perché molti curas villeros, *i sacerdoti che lavorano nelle baraccopoli, sono considerati sostenitori dell'ideologia comunista e per questo una minaccia per il "processo di riorganizzazione nazionale". I militari notano un sospetto viavai di scatole dal furgone al collegio e così decidono di avvicinarsi.*

Stavamo facendo il trasloco della Curia provinciale al Colegio Máximo in tutta tranquillità, senza nemmeno immaginare che proprio in quelle ore il governo veniva rovesciato dai militari con un golpe che avrebbe cambiato il volto dell'Argentina. Quei militari, quando videro tutte quelle scatole, si avvicinarono e iniziarono a fare domande. Volevano capire cosa stessimo facendo, perché eravamo lì, cosa ci fosse in quei pacchi...

Forse inizialmente pensarono che stessimo organizzando una fuga o magari che volessimo far sparire qualcosa di compromettente, vista la notizia del cambio di governo. Ma noi non ne sapevamo davvero nulla, stavamo semplicemente facendo in serenità il nostro lavoro! Spiegai al loro capopattuglia che ero il provinciale dei gesuiti e che si trattava di un banale trasloco; si convinsero dopo diversi minuti e, per fortuna, se ne andarono. Non furono momenti semplici, il rischio era sempre dietro l'angolo anche perché sapevo bene che c'era una persecuzione verso alcuni settori della Chiesa mentre altri – quelli che si erano allineati al regime – godevano di totale libertà.

Questo problema lo avevo percepito chiaramente quando conobbi nel 1973 monsignor Enrique Angelelli, vescovo di La Rioja, a oltre mille chilometri di distanza dalla capitale, dove le persecuzioni verso la Chiesa di strada erano più crudeli rispetto a quelle che subivamo dalle nostre parti. Questo santo pastore viveva per i poveri e per i *campesinos* sfruttati dai latifondisti: era finito nel mirino dei militari per questa sua lotta al fianco degli sfruttati e per il suo servizio in mezzo a loro, che svolgeva attentamente nel solco del Concilio Vaticano II.

Qualcuno ha accusato monsignor Angelelli, così come monsignor Óscar Romero, l'arcivescovo di San Salvador ucciso nel 1980 mentre celebrava Messa nella cappella di un ospedale, di essere dei preti che davano una lettura del Vangelo con un'ermeneutica marxista, abbracciando dunque quella teologia della liberazione che si ispirava alle ideologie politiche di sinistra: questo è falso! La scelta che fecero questi e altri pastori latinoamericani, così come tanti preti del Sud del mondo, si rifaceva a quanto detto dal Concilio, che riformulava la definizione di Chiesa come *popolo di Dio*, concetto in seguito rinforzato anche nella seconda Conferenza generale dell'episcopato latinoamericano di Medellín del 1968: una Chiesa che sceglie la cura delle persone povere e si stringe attorno alle classi popolari valorizzandone la storia e la cultura, che annuncia il Vangelo dentro un'ottica cristiana e non di stampo politico.

Il lavoro di Angelelli con i poveri veniva considerato invece sovversivo e così anche lui finì nel mirino della dittatura, che etichettava automaticamente come *comunista* chi lavorasse con quelle fasce di società. Il vescovo sapeva che volevano fargli terra bruciata intorno e per questo qualche anno dopo, nel 1975, quando capì che i servizi segreti gli stavano ormai con il fiato sul collo, mi chiese di nascondere al Colegio Máximo tre suoi seminaristi. Li ho tenuti lì in collegio al sicuro per un bel po', con la scusa di un periodo di esercizi spirituali.

Angelelli, che aveva anche informato il nunzio apostolico in Argentina, monsignor Pio Laghi, delle minacce di morte ricevute, fu invece ucciso il 4 agosto 1976 mentre era alla guida della sua auto in compagnia di un altro sacerdote, Arturo Pinto, che, creduto morto, si salvò. La vettura su cui viaggiavano fu speronata e fatta precipitare in un burrone. Il caso fu archiviato il giorno stesso come incidente stradale e ciò che mi ferì fu che l'allora arcivescovo di Buenos Aires, il cardinale Juan Carlos Aramburu, accettò la versione data dal regime. Ma erano tempi difficili anche per la Chiesa! I mandanti dell'omicidio, due ex militari che collaboravano con il regime, sono stati individuati e condannati all'ergastolo soltanto nel luglio del 2014.

Quei tre seminaristi di La Rioja nel corso del tempo mi aiutarono ad accogliere altri giovani a rischio come loro, almeno una ventina in due anni, che venivano presentati come studenti di corsi religiosi o come partecipanti ai ritiri spirituali. Ma erano anni terribili, con tante situazioni difficili da risolvere: i servizi segreti, per esempio, penso mi controllassero e per questo mi arrangiavo in qualche modo per depistarli quando ero al telefono o quando scrivevo qualche lettera; chiedevo ai giovani gesuiti del collegio di non uscire mai dopo il tramonto e mai da soli, sempre in gruppo, così sarebbe stato più difficile portarli via. E poi vietavo loro di parlare di politica quando si trovavano a discutere, magari in refettorio o nei momenti di ricreazione, con altri sacerdoti, soprattutto con i cappellani militari. Non tutti erano fedeli alla Chiesa e penso che qualcuno di questi fosse anche all'interno del nostro collegio! Non a caso, ci furono delle perquisizioni notturne nella casa dei novizi, Villa Barilari, ma riuscimmo a uscirne senza problemi.

Sempre in quel periodo mi presentarono il caso di un altro ragazzo che aveva necessità di fuggire dall'Argentina: notai che mi somigliava e così riuscii a farlo scappare vestito da prete e con la mia carta d'identità. Quella volta rischiai molto perché, se lo avessero scoperto, senza alcun dubbio lo avrebbero ucciso e poi sarebbero venuti a cercare me.

Ricordo anche la storia di una coppia di catechisti, Sergio e Ana, che con la loro bambina vivevano in mezzo ai poveri. Li avevo conosciuti prima di diventare sacerdote e li andavo a trovare spesso: una famiglia molto cattolica, per niente comunista o sovversiva, e invece furono calunniati dalla polizia segreta. Sergio fu portato via all'improvviso e venne torturato per alcuni giorni. Provai di tutto per farlo liberare e alla fine ci riuscii grazie all'intervento del console italiano Enrico Calamai, un grande uomo che salvò tantissima gente.

Devo ammettere che anch'io sono stato vittima di calunnie riguardo a quegli anni di dittatura: mi hanno accusato di aver consegnato al regime due gesuiti che lavoravano in una baraccopoli di Bajo Flores, padre Orlando Yorio e padre Francisco Jalics. I due preti stavano fondando una loro congregazione religiosa e in quanto provinciale li avvisai, a nome del padre generale, che questo avrebbe comportato la loro fuoriuscita dalla Compagnia di Gesù. Cosa che, dopo un anno, accadde.

Inoltre, consigliai loro di lasciare momentaneamente la baraccopoli perché c'erano sentori che i militari avrebbero potuto fare un blitz per portarli via: offrii loro ospitalità anche nel nostro collegio, se ne avessero avuto bisogno, ma decisero di rimanere con i poveri e nel maggio del 1976 furono sequestrati. Io feci tutto quanto era in mio potere per farli liberare: andai a trovare due volte l'ammiraglio Massera, perché si diceva che i due confratelli fossero stati presi da quelli della Marina. In un'occasione riuscii a parlare anche con il generale Videla, celebrando, grazie a un escamotage, una Messa a casa sua un sabato pomeriggio. Poi l'indomani riferii tutto al padre generale, Pedro Arrupe, che viveva a Roma: lo chiamai da un telefono pubblico di Avenida Corrientes.

Quella strada è particolarmente affollata la domenica mattina. Nonostante i posti di blocco e il continuo sfrecciare delle auto verdi della polizia federale, le famiglie cercano di vivere la tranquillità di una giornata di festa. Nell'aria si respira sempre quella paura di essere presi all'improvviso da qualche pattuglia, di essere perquisiti per strada, spalle al muro, o ancora peggio di essere malmenati.

Padre Jorge ha celebrato Messa molto presto in collegio, poi è uscito senza dare troppo nell'occhio: ha preso un bus per raggiungere Avenida Corrientes, la strada centrale di Buenos Aires dove è solito utilizzare un telefono pubblico per le chiamate più delicate. Non vuole che le sue conversazioni siano ascoltate, teme che i telefoni della Curia siano sotto controllo. Mentre è in autobus recita il Santo Rosario e si ritrova ad ascoltare i discorsi sussurrati di altri passeggeri: madri che piangono la scomparsa dei loro figli e giovani che vorrebbero protestare contro la crudeltà del regime.

Il gesuita lungo il tragitto si perde nella preghiera, e poiché tiene gli occhi chiusi quasi dimentica di scendere alla sua fermata; pensa e prega per i due confratelli ancora in mano ai militari, finché la voce dell'autista per fortuna annuncia la sua fermata.

Padre Jorge si guarda intorno: un'auto con degli altoparlanti avvisa la cittadinanza sul comportamento da tenere in caso di controllo di polizia; le pattuglie passeggiano sul marciapiede, sbirciano dentro i negozi; gli uomini del regime in borghese, invece, sono dentro alle chiese, seduti in fondo, ad ascoltare le omelie dei preti.

Padre Jorge inserisce i gettoni nel telefono e compone il numero: «Padre generale, sono Bergoglio...».

«Jorge, che piacere sentirti, che notizie mi porti?»

«Ieri pomeriggio sono riuscito a incontrare Videla...» sussurra sottovoce il giovane provinciale, temendo che qualche pattuglia possa sentirlo.

«Come hai fatto?» chiede incuriosito padre Arrupe.

«Ho convinto il cappellano militare, che in genere celebra Messa a casa di Videla, a darsi malato, così l'ho sostituito. Mi sono presentato e ho celebrato nella sua residenza. Dopo la Messa gli ho parlato: Videla mi ha detto che si interesserà di più per risolvere il caso... Speriamo che sia davvero così.»

Padre Jorge informa il generale dei gesuiti di tutte le novità, lo aggiorna, da quel telefono pubblico lontano dalla Curia, ogni volta che c'è una notizia sulla sorte dei due preti catturati. Finché un giorno, cinque mesi dopo il sequestro, è padre Bergoglio a ricevere una telefonata inaspettata in collegio.

È padre Yorio in persona che gli annuncia in lacrime la liberazione: insieme a padre Jalics è stato addormentato e poi scaricato in un campo di Cañuelas, a un'ora di macchina dal centro di Buenos Aires. Dopo mesi di violenze e umiliazioni i due preti di strada sono finalmente liberi. Padre Jorge riesce a far avere loro, tramite la nunziatura apostolica, una copertura diplomatica e poi organizza la loro uscita dal Paese: Jalics riesce a raggiungere la madre negli Stati Uniti, mentre Yorio viene mandato a Roma a studiare diritto canonico.

Con il passare dei mesi, padre Jorge segue da vicino anche altri casi di desaparecidos e tiene aperto un canale con il nunzio apostolico, tuttavia deve occuparsi anche di fac-

cende meno rilevanti, ma comunque necessarie: per esempio i bambini dei quartieri lì intorno, che non hanno una cura pastorale e un'educazione adeguata. Così il sabato pomeriggio organizza per loro il catechismo e qualche partita a calcio. Una vicinanza verso quei piccoli che costa al provinciale l'accusa dall'interno di aver salesianizzato *la formazione della Compagnia di Gesù.*

Ovviamente deve pensare anche ai suoi preti, alla loro salute spirituale come a quella corporale: la domenica è il giorno di riposo del cuoco ed è il provinciale in persona a preparare pranzo e cena per gli studenti. Ha imparato a cucinare da nonna Rosa e dalla mamma che, dopo la nascita di María Elena, chiedeva ai figli più grandi un aiuto per preparare i pasti, facendo loro trovare tutti gli ingredienti pronti sulla tavola.

In passato qualche consiglio culinario Jorge l'ha ricevuto anche da Esther, che un giorno, con una telefonata, torna a farsi sentire dal suo ex aiutante del laboratorio di chimica.

Nonostante gli impegni reciproci, ci vedevamo spesso anche in quegli anni: andavo a trovarla a casa quando potevo per una cena o per un caffè pomeridiano; le volevo sempre bene, dopotutto era stata lei a insegnarmi a pensare! Le rimasi vicino nei momenti più bui: nel settembre del 1976 i militari sequestrarono il genero e poi l'anno dopo presero anche la figlia Ana María di sedici anni, che era incinta. Tutta la famiglia era tenuta d'occhio perché il regime conosceva bene la storia di quella donna comunista e del suo impegno politico.

Quel giorno mi fece una telefonata davvero strana; con una voce diversa dal solito mi disse: «Senti, Jorge, mia suocera Edelmira sta per andarsene, puoi venire a darle l'estrema unzione?». Qualcosa non tornava: lei e i suoi familiari erano atei e, nonostante la suocera fosse credente, avevo percepito che c'era dell'altro, qualcosa che la mia amica non poteva dirmi al telefono. Raggiunsi quindi casa sua portandomi dietro, per sicurezza, anche l'occorrente per l'unzione degli infermi che mi aveva regalato mia nonna. Bussai e lei mi aprì, chiudendo subito la porta dietro le mie spalle perché temeva che mi avessero seguito.

Andai sul sicuro: «Che sta succedendo, Esther?». Lei vuotò subito il sacco: «Jorge, mi tengono d'occhio, sono sorvegliata, se entrano in casa e trovano tutti questi libri sarà la fine». In poche parole, mi chiese di nascondere tutti quei volumi: c'erano molti libri sul pensiero marxista, tomi di filosofia e altri testi che, se fossero stati trovati dal regime, sarebbero stati distrutti. Nei giorni successivi riuscii a organizzarmi: li portai via e li tenni nella biblioteca del collegio, in mezzo a tanti altri.

Ana María fu rilasciata dopo quattro mesi di prigionia e così Esther decise di portare lei e le altre due figlie maggiori in Svezia, dove molti argentini avevano trovato rifugio. Una delle tre sorelle vive ancora lì, mentre le altre due in seguito sono rientrate in Argentina e le ho incontrate alcuni anni fa.

Dopo aver portato in salvo le ragazze, Esther tornò in Argentina: fu una delle poche Madri di Plaza de Mayo a continuare a far parte del movimento anche dopo avere ritrovato la figlia. Tuttavia era preoccupata, e faceva bene: con il gruppo delle Madri di Plaza de Mayo ogni giovedì pomeriggio protestava per strada, tutte con l'immancabile fazzoletto bianco sulla testa, ma tra di loro si era infiltrato un giovane dalla faccia d'angelo, Alfredo Astiz, ufficiale della Marina, agli ordini dell'ammiraglio Massera. Il giovane si era presentato con il finto nome di Gustavo, dicendo di essere fratello di un *desaparecido*. In breve tempo riuscì a conquistare la fiducia di quel gruppo che si riuniva nella chiesa di Santa Cruz: ascoltava i loro discorsi e aveva accesso ai loro segreti.

Nel dicembre del 1977, nel giorno prefissato per un'operazione di polizia, Astiz diede il segnale e arrivarono le squadre del regime per portare via alcune di quelle donne mentre uscivano dalla chiesa dove si era tenuta una riunione contro il governo militare. Presero Esther con un'altra fondatrice del gruppo e anche due suore francesi, Alice Domon e Léonie Duquet. Per quello che ho saputo, la mia amica fu torturata e poi buttata anche lei da un aereo. Che fine terribile: per altri ragazzi sequestrati ero riuscito a ottenere qualcosa, a rendermi utile, invece per Esther, per la sua amica e per le due suore non ottenni nulla, pur avendo insistito tanto con chi certamente avrebbe potuto intervenire. Forse non ho fatto abbastanza per loro.

Soltanto nel 2005, grazie agli esami del DNA, abbiamo avuto conferma del ritrovamento dei suoi resti insieme a quelli di María Ponce de Bianco, l'altra fondatrice delle Madri di Plaza de Mayo. In quel periodo ero arcivescovo di Buenos Aires e così ho autorizzato la loro sepoltura nel giardino della chiesa dove erano state sequestrate. Il minimo che potessi fare.

Le accuse contro di me, comunque, sono continuate fino a poco tempo fa: è stata la vendetta di qualche sinistrino che invece sapeva quanto mi fossi opposto a quelle atrocità. Poi dei testimoni, che prima erano rimasti in silenzio, alla fine, grazie anche al lavoro di alcuni giornalisti, si sono decisi a raccontare la verità e così le accuse si sono sgonfiate.

L'8 novembre del 2010 sono stato anche interrogato come persona informata sui fatti per il processo sui crimini commessi durante il regime: qualcuno stava provando ancora a far piovere su di me l'accusa di connivenza con la giunta militare. L'interrogatorio è durato quattro ore e dieci minuti presso la sede dell'arcivescovado: sono stato sottoposto a un fuoco di fila di domande da parte degli avvocati delle associazioni dei diritti umani e dei parenti delle vittime. C'erano tre giudici: il presidente, che era molto tranquillo, uno che stava sempre zitto e un altro che invece attaccava. Addirittura, durante l'interrogatorio tirarono in ballo anche il conclave del 2005, quello che si tenne dopo la morte di Giovanni Paolo II, ipotizzando che qualcuno in Vaticano avesse fatto circolare dei dossier su di me, in cui si sollevavano sospetti sulla mia condotta durante il regime di Videla, con lo scopo di infangarmi e così ostacolare una mia possibile elezione. Tutto inventato: non ci furono dossier né su di me e nemmeno su altri cardinali elettori.

L'interrogatorio fu comunque registrato e alla fine mi dissero che contro di me non c'era niente e che ero innocente. Ho rincontrato uno di quei giudici due volte in Vaticano: la prima volta era insieme ad altre persone, ma era passato tanto tempo da quando lo avevo visto al processo e così non l'ho riconosciuto; la seconda volta mi ha chiesto appuntamento e gliel'ho dato volentieri. Successivamente alcune persone mi hanno confidato che il governo argentino dell'epoca aveva provato in tutti i modi a mettermi il cappio intorno al collo, ma che alla fine non avevano trovato prove perché ero pulito.

Ho pregato tanto il Signore in quegli anni di regime, l'ho pregato soprattutto di poter dare la pace a chi viveva sulla propria pelle violenza e umiliazioni. La dittatura è qualcosa di diabolico: l'ho visto con i miei occhi, ho vissuto momenti di grande sconforto, nella paura che potesse accadere qualcosa ai miei confratelli più giovani. È stato un genocidio generazionale!

Per fortuna quell'incubo finì nei primi anni Ottanta e, con le elezioni democratiche dell'ottobre 1983, le cose per l'Argentina cambiarono. E cambiarono anche per me: dopo l'esperienza come provinciale già nel 1980 ero tornato a San Miguel come parroco e rettore del Colegio Máximo de san José. Fino al mio trasferimento in Germania, nel 1986, per un soggiorno di studi.

VII

LA MANO DE DIOS

«Maradona, Maradona, il gol incredibile di Maradona che porta in vantaggio l'Argentina per uno a zero sull'Inghilterra al cinquantunesimo minuto di questo quarto di finale... ma ci sono le proteste degli inglesi verso l'arbitro... indicano la mano... ma il gol è confermato. Dobbiamo aspettare la moviola per capire cos'è successo... vediamo... in effetti sembra che l'abbia spinta dentro con il pugno e non con la testa... mentre Maradona sta esultando proprio con il pugno alzato... incredibile!»

Le ovazioni per quel gol si sentono solo attraverso la tv accesa in salotto: in strada, fuori dalla finestra, regna il silenzio; nessuna esplosione di gioia, nessuna esultanza. L'in-

differenza più totale. Del resto, il pieno d'emozioni i tedeschi l'hanno fatto già il giorno prima, quando la Germania Ovest, sempre ai quarti di finale, ha battuto ai rigori i padroni di casa del Messico, buttandoli fuori dal Mondiale.

Uno dei pochi televisori sintonizzati sulla partita che ha regalato il gol di Maradona è quello degli Schmidt, la famiglia tedesca che ospita padre Jorge a Boppard, una cittadina a un'ora di strada dalla capitale Bonn. Il quarantanovenne è stato mandato lì in soggiorno studio per perfezionare il tedesco e cercare materiale per concludere la tesi di dottorato che sta scrivendo sul teologo Romano Guardini.

È il 22 giugno del 1986. Jorge, da vero appassionato di calcio, per nulla al mondo avrebbe voluto perdersi quella partita con il pibe de oro*: con la maglia numero dieci, insieme a Burruchaga e Valdano, Maradona sta facendo sognare milioni di argentini, ma il sacerdote gesuita, per una serie di impegni imprevisti, è costretto a rimanere sui libri, lontano dalla tv. La coppia di medici che lo ospita, invece, sta seguendo il match pur essendo già a tavola per la cena. Anche loro, come tanti altri tedeschi, non sembrano affatto interessati a quella partita che sta invece regalando grandi emozioni. Hanno voluto sintonizzarsi sull'incontro semplicemente per affetto verso il loro inquilino e per poi raccontargli come andrà a finire.*

La ripresa, dopo il primo gol del capitano, sta tenendo tutti con il fiato sospeso, ma la sofferenza dura soltanto per qualche minuto: al cinquantacinquesimo Maradona, dopo una fulminea cavalcata da metà campo, supera numerosi avversari e segna quello che passerà alla storia come "il gol del secolo". Due a zero per l'Argentina. La semifinale sembra sempre più vicina. E stavolta il signor Schmidt applaude compiaciuto, con il sorriso stampato sul volto, pensando a padre Jorge.

Anche sugli spalti dello stadio Azteca di Città del Messico continuano le ovazioni: sono circa centoquattordicimila i presenti, ma si sentono soprattutto i fischi della tifoseria inglese che si considera scippata per quel primo gol ritenuto irregolare. La tensione tra le due squadre era alta già prima che scendessero in campo: alla loro storica rivalità si aggiungeva la ferita ancora aperta della guerra del 1982, dopo l'invasione argentina delle Isole Falkland. E poi, a spiazzare ancora di più gli inglesi, ci ha pensato quella doccia fredda a sei minuti dalla ripresa firmata Maradona.

A fine partita, non a caso, il campione è ancora sotto i riflettori: bacia la maglia davanti alle telecamere e poco dopo, accerchiato dai microfoni, commenta quel gol tanto contestato che fu «un poco con la cabeza de Maradona y otro poco con la mano de Dios». *La traduzione è chiarissima: un po' con la testa di Maradona, un altro po' con la mano di Dio.*

Nei primissimi istanti non si era capito che quel gol potesse essere irregolare, ma i calciatori inglesi iniziarono subito a protestare con l'arbitro dicendogli che Maradona aveva spinto il pallone con la mano. Poi, con il replay, tutti si resero conto che aveva usato il pugno, più che la testa. Il direttore di gara, un tunisino, non se n'era accorto, convalidando quindi la rete.

Ci furono polemiche per giorni e giorni: dall'Argentina mi raccontavano che sui giornali si discuteva in continuazione di questo gol, ma la foto era sulle prime pagine di tutto il mondo, con quella frase che il campione aveva detto a fine partita. Quando da Papa, alcuni anni fa, ricevetti Maradona in Vaticano, parlammo di tanti argomenti, tra cui la pace, e poi, prima che andasse via, gli feci anche una battuta: «Allora, qual è la mano incriminata?».

Devo ammetterlo, lui in campo era un grande poeta, riusciva a firmare dei gol destinati a rimanere nella storia, come la seconda rete di quella partita, una rete ribattezzata non a caso "il gol del secolo". Questa sua sicurezza con il pallone, però, nascondeva una grande fragilità nella vita di tutti i giorni: lo abbiamo visto anche negli ultimi anni della sua vita, con tutti i problemi che ha avuto e che hanno certamente addolorato tanto i tifosi argentini quanto quelli italiani, che lo conoscono e tuttora lo amano per i suoi trascorsi trionfali nel Napoli.

Ricordo che seguii diverse partite del Mondiale del 1986, tranne quando ero impegnato o quando intenzionalmente preferivo tenermi lontano dalla tv.

In quel periodo frequentavo l'Istituto Goethe di Boppard, un piccolo centro di quindicimila abitanti; a noi studenti veniva data la possibilità di abitare a casa di alcune famiglie che offrivano ospitalità. Tra queste c'era una coppia di medici, gli Schmidt – lei omeopata, lui medico tradizionale – che vivevano da soli perché i figli erano già adulti e si erano sposati. Più che soldi, Helma e suo marito cercavano un po' di compagnia; erano peraltro dei bravi cattolici: lei veniva tutti i pomeriggi a seguire la Messa che celebravo nella mia stanza. Ogni tanto, poi, mi invitavano anche a cena e si parlava di tutto, dall'attualità alla politica internazionale e allo sport. Erano momenti belli che ricordo ancora con grande affetto.

Arrivato il giorno della finale, il 29 giugno, con l'Argentina che doveva sfidare proprio la Germania Ovest, decisi volutamente di non seguire il match. Preferii andare a passeggiare vicino al fiume Reno, non lontano dalla casa di quella coppia tanto gentile. Mi ero voluto ritagliare un momento per me stesso, per riflettere sulla mia vita, per recitare la preghiera del Rosario e, come ogni sera, ringraziare il Signore per tutto ciò che mi aveva già dato, ora che ero giunto alla soglia dei cinquant'anni.

Quando rientrai a casa il dottor Schmidt, grande tifoso della Germania, con un filo di amarezza mi disse: «Sembra proprio che sarete campioni...». Stavamo vincendo per due a zero. Lo ringraziai per quella notizia e andai a letto, senza fermarmi a vedere come sarebbe andata a finire. Aveva ragione: l'indomani mattina, appena sveglio, lessi su un giornale che avevamo vinto il Mondiale per tre a due e che Maradona aveva alzato la coppa, portato in trionfo dagli altri compagni di squadra!

Poco dopo, quando giunsi in istituto per la lezione, una collega giapponese, originaria di Sapporo, vedendomi mi fece una grande festa: «Siete campioni! Siete campioni!» mi disse davanti a tutti gli altri. Ma la classe rimase in silenzio: tutti muti come pesci. C'erano degli studenti inglesi, e posso capire la loro reazione, ma c'erano anche tanti francesi e italiani. Poi la collega giapponese andò alla lavagna e scrisse in grande con il gesso W ARGENTINA! Io ero molto contento, ma sapevo che di lì a poco sarebbe arrivata la professoressa, una brava insegnante che mi ha dato tanto, una donna che però si vantava di essersi sposata tre volte e di avere figli sparsi di qua e di là: forse si credeva moderna! Appena vide quella scritta ordinò subito alla mia collega: «Cancellala». In quel prestigioso istituto tedesco a quanto pare l'etichetta andava rispettata, senza alcuna deroga: forse anche per questo tutti gli altri studenti non mi dissero una parola. Mi piace pensare che sia andata così, anche se in quei momenti mi sentii davvero solo, quasi un estraneo: ero stato mandato in un posto che non conoscevo e sentivo tanto la nostalgia di casa, della mia Argentina.

Pur non potendo condividere quella gioia appieno, fu comunque una grande emozione: eravamo campioni del mondo! Mi tornò in mente il campionato di calcio argentino del 1946, una stagione straordinaria vinta dal nostro San Lorenzo. Ero un bambino a quell'epoca, ma ricordo ancora che, quando i nostri "tre moschettieri" alzarono la coppa, ci sentimmo grandi! Durante quelle partite, come succede spesso, tanti tifosi si scagliavano contro l'arbitro, ma lo facevano anche molti giocatori che gli urlavano: «Venduto!». Poi però, finita la partita, si stringevano la mano e tornavano amici. Dev'essere questo il senso dello sport: prima la competizione, ma che sia sana e onesta, poi la signorilità di abbracciarsi. Così mi hanno insegnato anche dai salesiani.

Non dimentichiamo inoltre che lo sport nobilita anche se si gioca per strada con un pallone di stracci, come facevo anch'io da ragazzino. Dobbiamo far sì che lo spirito sportivo cresca lungo questa via, che è quella più semplice e sana! Mi viene in mente un film del 1948 intitolato *Pelota de trapo*, palla di stracci, del regista Leopoldo Torres Ríos, uno dei pionieri del cinema argentino. Lo vidi da adolescente: racconta la storia di un gruppo di bambini che gioca a calcio per strada e si diverte con quello che ha, pur sognando un giorno di avere un vero pallone di cuoio. Don Bosco diceva che se si vogliono radunare dei ragazzi basta mettere una palla sulla strada, anche se di stracci: i piccoli arriveranno come le mosche quando c'è un dolce ben in vista!

Ecco, lo sport, anche nella semplicità, può salvare dal degrado, può risollevare dal disagio familiare, e soprattutto nelle periferie può dare ai ragazzi che soffrono per situazioni difficili una valvola di sfogo che aiuti a superare le tensioni, buttandole fuori con un bel calcio alla palla. Gli oratori sono nati anche per questo, per salvare tanti giovani dalla strada e dare loro un'alternativa a forme di devianza che avrebbero potuto incontrare durante l'adolescenza. È una benedizione poter fare sport così, in modo genuino, perché è una cosa nobile. Serve una *gratuità* delle attività sportive, per questo sono sempre molto contento quando la gente si entusiasma per una partita, per un gol, per una vittoria, a patto che non si perda quella dimensione di *amatorialità*. Bisogna praticare sport per passione, per divertirsi, viverlo come un gioco; è vero che adesso ci sono aspetti più commerciali che coinvolgono il mondo sportivo agonistico e professionistico, come gli sponsor, ma non è un male se fatto con moderazione e in modo etico. L'importante è che non prevalgano logiche perverse legate ai soldi che con lo spirito sportivo hanno poco a che fare.

La lezione di tedesco è terminata prima del solito, la professoressa ha avuto un contrattempo e scusandosi con gli allievi è andata via, assicurando che recupereranno l'indomani. Anche padre Jorge, approfittando di quei trenta minuti di anticipo, dopo aver salutato tutti i colleghi, anziché avviarsi direttamente verso casa, dove è atteso da Helma per la consueta Messa del pomeriggio, decide di spingersi di nuovo verso il fiume, dov'era stato la sera prima, per recitare il Rosario.

Lungo la strada, sebbene molti cittadini amareggiati per il secondo posto abbiano già tolto gli addobbi, si vedono ancora sui balconi e alle finestre alcune bandiere tedesche: quello che resta del clima del Mondiale. Qualcuno ha preso le bandiere per portarle a Bonn, dove i tifosi attendono di accogliere la nazionale al rientro dal Messico. Le coccarde, così come le trombe o le maglie dei campioni, stanno già sparendo dalle vetrine dei negozi: la delusione è tanta, la coppa del mondo era a un passo, ma in quella piccola cittadina di provincia immersa nel verde la vita va comunque avanti.

Due bambini biondissimi sono a spasso con la mamma: entrambi hanno il codino – va molto di moda, soprattutto tra i più piccoli – e indossano la maglia della nazionale. Giocano con un piccolo pallone giallo di spugna e hanno ancora sulle braccia il disegno della bandiera tedesca, fatto dal loro papà prima della finale: «Io sono Rummenigge» dice il più grande, «e tu sei Matthäus, ok?» aggiunge toccando sulla spalla il fratellino.

«E io, che sono argentino, chi posso essere?» aggiunge padre Jorge con un sorriso, dopo aver sentito il bambino fantasticare sui suoi beniamini calcistici. I due fratellini non la prendono bene: il maggiore gli fa una linguaccia, il minore segue a ruota. E la mamma, un po' in imbarazzo, è costretta a scusarsi con quel sacerdote incontrato per caso.

«Non si preoccupi, signora, significa che ci tengono alla loro patria! E da grandi saranno magari anche degli ottimi calciatori!» le risponde affettuosamente padre Jorge, tirando fuori dalla borsa due santini, uno per ogni figlio, mentre prosegue la passeggiata verso la sua destinazione.

Giunto sul lungofiume, in mezzo a un'infilata di tavolini presi d'assalto da turisti e residenti che si godono un tranquillo pomeriggio ventoso, nota un telefono pubblico: vorrebbe chiamare la sorella María Elena, ma sa che a quell'ora non è di certo a casa; pensa allora agli amici di Buenos Aires che staranno sicuramente festeggiando la vittoria del titolo mondiale.

Prima di avvicinarsi, però, controlla l'orologio di plastica al polso: non vorrebbe far tardi all'appuntamento con Helma; sa bene che prima di cena lei e il marito si dedicano anche al pianoforte e un ritardo potrebbe far accavallare gli impegni. Per fortuna c'è ancora qualche minuto per una veloce telefonata.

Alza il ricevitore, inserisce la carta telefonica comprata in un tabacchino e chiama il suo vecchio amico Oscar, con il quale ha sempre avuto un rapporto molto stretto, sin dai tempi dell'istituto industriale.

«Come stai? Hai visto ieri la finale?» chiede Jorge senza perdersi in convenevoli.

«Guarda, qui sono impazziti tutti, Jorge, non ho chiuso occhio, Dio mio, hanno festeggiato tutta la notte con clacson, fuochi d'artificio, petardi...» spiega l'amico, descrivendo quanto accaduto la sera prima a Buenos Aires.

«Sono tutti contenti, eh? Io non l'ho vista...» aggiunge il gesuita.

«Eh sì! Maradona però a fine partita ha avuto ancora qualche contestazione per colpa della mano de Dios... *per fortuna non ha reagito come* El Rata, *ti ricordi?» chiede Oscar.*

E in Jorge si riaccende all'improvviso un vecchio ricordo di tanti anni prima, di quando non aveva ancora trent'anni.

El Rata era il soprannome di Antonio Rattín, un grande giocatore di calcio della nazionale argentina.

Ricordo perfettamente una partita dei Mondiali che si disputò il 23 luglio del 1966 a Wembley: l'Argentina ai quarti di finale giocava contro i padroni di casa dell'Inghilterra e durante quel match si vissero dei momenti di grande agitazione. Rattín, che era il capitano e portava la maglia numero dieci, fu ammonito dall'arbitro tedesco per un lieve fallo. Questo lo fece innervosire. Poi il direttore di gara ammonì un altro compagno di squadra e lui andò a protestare animatamente, parlando in spagnolo. L'arbitro a quanto pare non lo capì, ma vedendo quell'agitazione gli fece segno di uscire dal campo. Lo aveva espulso. Si scatenò il caos: nessuno di noi tifosi in quel momento accettava quella decisione!

El Rata a quel punto si rifiutò di uscire, voleva capire i motivi dell'espulsione, ma non c'era un interprete che potesse chiarire la faccenda, perciò il gioco rimase fermo per più di dieci minuti. Entrarono in campo alcuni dirigenti in giacca e cravatta, provarono anche a portarlo fuori, ma senza successo. Quando infine si convinse, mentre rientrava nello spogliatoio fu ricoperto di fischi perché fece due cose che irritarono molto il pubblico inglese: passò sotto il palco reale camminando sul tappeto rosso di velluto riservato alla regina e poi, una volta vicino alla bandierina dell'angolo, sulla quale era stampato lo stemma della corona britannica, la stropicciò.

Purtroppo le emozioni avevano preso il sopravvento e quello che doveva essere un momento di puro e sano divertimento si trasformò in qualcos'altro. Per fortuna nel 1986 con Maradona le cose andarono diversamente. Ma, senza andare troppo indietro nel tempo, ripensando all'ultimo Mondiale, quello disputato in Qatar nel dicembre 2022, ci sono stati dei momenti poco piacevoli: ho letto, per esempio, dei fischi di alcuni tifosi francesi, al termine della finale, verso il portiere dell'Argentina, Emiliano Martínez, che a sua volta ha risposto con un brutto gesto. Oppure dei litigi in campo durante Argentina-Olanda, ai quarti di finale. Mi è dispiaciuto molto perché quando una partita finisce dovrebbe essere una festa per tutti, senza polemiche, consolando chi ha perso e abbracciando chi ha vinto. Dovrebbe prevalere lo spirito sportivo e non il risentimento.

Io non ho seguito quest'ultimo campionato del mondo perché non guardo la televisione – più avanti spiegherò il perché – ma nel giorno della finale, durante la partita contro la Francia, ero riunito con quattro piloti di una compagnia aerea, amici di amici che erano passati a trovarmi con le rispettive mogli. Uno di loro, durante il nostro incontro, mi ha detto: «L'Argentina vince per due a zero... ormai la coppa è vostra!». Alla fine, ho appreso che l'Argentina ha vinto ai rigori e con non poca sofferenza perché i francesi erano tosti. Questo mi ha fatto pensare molto: ai quarti di finale, per esempio, l'Argentina vinceva contro l'Olanda per due a zero e poi la partita è finita ai rigori. In finale lo stesso copione: prima in vantaggio e poi ci siamo fatti rimontare.

Forse questo modo di fare fa parte della psicologia di alcune persone argentine: ci si entusiasma all'inizio, ma poi, per la mancanza di costanza, si fatica ad arrivare fino alla fine. Noi argentini siamo così, pensiamo di avere la vittoria in tasca e poi nel secondo tempo rischiamo di perdere. E la costanza non ci manca solo nel calcio, ma anche nella vita di tutti i giorni: prima di portare a termine qualcosa ci culliamo un po' troppo e magari finiamo per non ottenere il risultato sperato. Alla fine però, per fortuna, riusciamo a cavarcela.

Tornando al 1986 e al mio soggiorno in Germania, i miei ricordi si soffermano anche su qualcosa che va oltre la vittoria della coppa del mondo e il gol di mano di Maradona: in quel Paese ho vissuto appieno la mia devozione alla Madonna che scioglie i nodi. Quando ero ancora a Buenos Aires, avevo sentito parlare di questo dipinto, *Maria che scioglie i nodi – Virgen Maria Knotenlöserin* – che raffigura la Vergine circondata da angeli e intenta, appunto, a sciogliere dei nodi. Il quadro è custodito nell'antica chiesa dei gesuiti di San

Pietro sul Perlach che si trova ad Augusta, in Baviera, dove però, purtroppo, non sono mai stato. Se gli impegni me lo avessero permesso, mi sarebbe piaciuto fermarmi in preghiera di fronte a quel dipinto barocco del XVIII secolo, pensando a tutti i nodi che avrei voluto sciogliere in quel periodo della mia vita: pur essendo in un anno sabbatico, preso in accordo con il provinciale, non mancavano polemiche, difficoltà, peccati e ostacoli che sembravano insormontabili.

E in quei momenti, ancora una volta, nonostante tutto sentii la presenza del Signore che mi anticipava e della Madonna: era vicina alla porta del mio cuore e ascoltava le mie lamentele con la pazienza che solo una mamma può avere. Non solo: mi affidai totalmente a lei e sentii che mi stava aiutando a sciogliere i miei nodi. E questo non vale soltanto per me, vale per tutti! La devozione mariana dev'essere così: limpida, bella, pulita, semplice. Occorre mettere sempre davanti a tutto Maria e suo figlio Gesù. Senza intermediari che possono sfruttare il candore o la debolezza del popolo per trarre profitto.

Un giorno trovai un bel po' di santini che riproducevano il dipinto e, al termine del periodo tedesco, li portai con me a Buenos Aires. Li regalai un po' in giro, di qua e di là, ad amici, fedeli o conoscenti. Negli anni sono state realizzate diverse riproduzioni della *Maria che scioglie i nodi* che si trovano ancora in alcune chiese di Buenos Aires, dove questo culto mariano si è rafforzato, attirando sempre più fedeli.

Io nel frattempo, rientrato in patria, ricominciai la mia vita di tutti i giorni, ripartendo dal Colegio del Salvador, proprio a Buenos Aires.

VIII

LA CADUTA DEL MURO DI BERLINO

La stanza, piccola e sobria, senza bagno privato, è invasa dalle melodie di Richard Wagner: il Parsifal *eseguito dall'orchestra del maestro Hans Knappertsbusch sta accompagnando il pomeriggio di padre Jorge, al lavoro nella sua camera al Colegio del Salvador, la prestigiosa scuola dei gesuiti che si erge nel trafficato centro di Buenos Aires e che accoglie bambini e ragazzi della primaria e della secondaria.*

Per il gesuita si tratta di un ritorno, perché aveva già insegnato qui letteratura e psicologia nel 1966. Dopo il breve soggiorno in Germania, eccolo di nuovo in quella comunità della Compagnia di Gesù, questa volta come confessore nella vicina chiesa del Salvador. Il nuovo provinciale, padre

Víctor Zorzín, che dal 1973 al 1979 era stato il suo vice, ha deciso di dargli questo piccolo incarico senza responsabilità di governo all'interno della Compagnia di Gesù. E padre Jorge ha obbedito.

Con i suoi interventi su Stromata, rivista di teologia dei gesuiti argentini, è diventato molto conosciuto tra tutti i confratelli del Paese, così per padre Bergoglio quello della fine degli anni Ottanta è un periodo di intensa attività: scrive articoli, tiene conferenze in giro per l'Argentina, guida ritiri spirituali e, soprattutto, è stato chiamato da padre Ernesto López Rosas, esponente di spicco della teologia del popolo e nuovo rettore del Colegio Máximo di San Miguel, a tenere una lezione settimanale di teologia pastorale agli allievi della facoltà, che studiano già sui libri di Bergoglio. Padre López conosce il confratello da molto tempo, dalla fine degli anni Sessanta: condividono le stesse idee sulla pastorale, sull'impegno sociale del clero e l'attenzione ai ceti popolari da quando insieme si radunavano attorno al gesuita Miguel Ángel Fiorito, una guida spirituale per tanti confratelli argentini.

Padre Jorge, con il Parsifal in sottofondo, immerso nei libri di Romano Guardini e di sant'Agostino, cerca ispirazione per redigere il suo testo, ma ogni tanto guarda anche fuori dalla finestra: è stato attirato dal dolce suono di un camioncino dei gelati mentre un gruppo di chiassosi studenti in pantaloncini corti sta bighellonando non lontano. Di fronte, un bazar espone già i primi costumi da bagno, gli alberi di Avenida Callao sono tutti in fiore. La primavera, insomma, a breve cederà il posto all'estate: è il 9 novembre del 1989. Ma quel breve momento di distrazione viene improvvisamente interrotto dallo squillo del telefono.

«Padre Jorge, presto, accendi il televisore...»

A telefonargli è Guillermo Ortiz, uno studente della Compagnia di Gesù che per alcuni anni aveva abitato nella stanza accanto a quella del cinquantaduenne Bergoglio: Jorge lo conosce dal 1977, da quando Guillo sognava di diventare gesuita e lui era provinciale. All'inizio degli anni Ottanta, poi, si erano di nuovo ritrovati, uno novizio e l'altro rettore del Colegio Máximo a San Miguel oltre che parroco della chiesa del Patriarca San José. All'epoca uno dei compiti del futuro sacerdote era di badare ai maiali e agli altri animali come pecore o mucche che padre Jorge acquistava e allevava per sfamare i gesuiti del collegio, una comunità di duecento persone.

Ma Guillermo aveva anche l'incarico di radunare i bambini del quartiere per la Messa della domenica. Bergoglio ci teneva molto che i suoi preti scendessero in strada: i futuri gesuiti avrebbero dovuto battere i tre barrios di competenza della parrocchia – La Manuelita, Constantini e Don Alfonso – e stare in mezzo alla gente, soprattutto quella più povera. Vivere insomma una religiosità popolare a tutto tondo, impegnandosi in prima linea nella parrocchia.

«Se hai due minuti, guarda cosa stanno trasmettendo, è incredibile...» aggiunge Guillo.

Padre Jorge butta giù il ricevitore, stacca il giradischi e si precipita nella sala tv. Le immagini che stanno andando in onda sono, in effetti, straordinarie, e arrivano dalla Germania. Un fiume di gente di Berlino Est si è riversato per strada: sta oltrepassando il muro, simbolo della guerra fredda, che dal 1961 divide in due la città tedesca. I varchi sono stati improvvisamente aperti dopo una conferenza stampa in cui un membro del Politbüro, Günter Schabowski, funzionario del Comitato centrale del Partito Socialista Unificato di Germania, preso alla sprovvista dalle domande dei giornalisti, ha annunciato che i privati cittadini da subito possono varcare i confini della Repubblica Democratica Tedesca, anche senza avere i requisiti previsti fino ad allora. Si scatena il caos: giovani armati di picconi e altri attrezzi si dirigono verso il muro, iniziano a colpirlo, ad abbatterlo, intere famiglie si mettono in macchina, altre si dirigono a piedi verso il *confine. Alcuni decidono di non passare dai checkpoint, ma di scavalcare quel muro che ha causato dolore e morte, altri sono terrorizzati: temono che i militari che controllano il confine possano aprire il fuoco, come già successo in passato.*

La folla raggiunge anche la Porta di Brandeburgo, un simbolo trasformato in vessillo della Germania comunista. Poco lontano da qui nel 1963, davanti al Municipio di Schöneberg, il presidente americano John Fitzgerald Kennedy aveva pronunciato la celebre frase: «Tutti gli uomini liberi, dovunque essi vivano, sono cittadini di Berlino, e quindi, come uomo libero, sono orgoglioso delle parole "Ich bin ein Berliner!"». Sono un berlinese, aveva detto in tedesco, scatenando un'ovazione della folla che sventolava dei fazzoletti bianchi.

La storia, quel pomeriggio del 1989, stava passando davanti ai nostri occhi: quelle che tutti noi vedemmo in tv furono scene impressionanti a cui personalmente mai avrei immaginato di assistere. C'erano giovani che ballavano, altri che brindavano, sconosciuti che si abbracciavano tra di loro, intere famiglie in lacrime. Furono davvero dei momenti commoventi, perché quella gente stava vivendo la fine di tutte le repressioni e delle violenze. Stavano ritrovando la libertà.

E presto sarebbe crollata anche l'Unione Sovietica grazie alla Perestrojka, la politica di riforme voluta da Michail Gorbačëv. È stato un grand'uomo, Gorbačëv, forse uno dei più grandi statisti che l'URSS abbia mai avuto; l'ho ammirato molto perché ha voluto riformare quel mondo con lo scopo anche di evitare nuove sofferenze alla popolazione. Ricordo bene sua figlia e sua moglie Raisa: lei era una grande persona, oltre che una brava filosofa!

Vedendo quelle scene della caduta del Muro di Berlino mi sono rallegrato molto perché l'Europa stava ritrovando quella tanto sperata serenità che mancava da troppi anni. Dalle nostre parti, in Argentina, non c'era grande attenzione verso quei fatti: riguardavano un'altra area del mondo. La storia del muro, a parte i servizi di cronaca estera dei primi giorni, non era al centro dei dibattiti televisivi, concentrati più sulla politica interna. Alcuni mesi prima, infatti, c'erano state le elezioni presidenziali che avevano visto trionfare il candidato del Partito Giustizialista, Carlos Menem, esponente iperliberista, figlio di immigrati siriani e originario di La Rioja, una delle province più povere del Paese. Era un momento in cui era necessario scoprire un nuovo modo di fare politica, costruendo una cultura democratica e ponendo il concetto di solidarietà come radice di tutto, con lo scopo di migliorare la vita dei cittadini. E si discuteva molto, per l'appunto, di cosa questa nuova presidenza avrebbe potuto fare per il popolo.

Ma tutti gli argentini che, come me, avevano parenti in Europa, erano certamente più attenti alle notizie che arrivavano dalla Germania: finalmente stava cadendo quel muro simbolo della divisione ideologica del mondo intero! Anche se fummo presi alla sprovvista da quelle immagini, e pur consapevoli che il crollo del Muro di Berlino era stato qualcosa di improvviso, va detto che questo storico evento fu possibile grazie all'impegno nel corso degli anni di tante persone, grazie alla loro lotta, alla sofferenza, fino al sacrificio della vita. Ma anche e soprattutto grazie alla preghiera: non posso non pensare al ruolo che ebbe Giovanni Paolo II, che avevo incontrato qualche anno prima, nel 1987, grazie al nunzio apostolico, in occasione della Giornata mondiale della gioventù a Buenos Aires. Con le sue parole e con il suo carisma aveva dato a tutta questa gente la forza di trovarsi insieme e lottare per la libertà. Già dal 1979, infatti, in occasione del suo primo viaggio in Polonia – la sua patria – favorì la maturazione delle coscienze di milioni di cittadini dell'Est Europa, che ritrovarono la speranza.

E così questo lungo processo portò alla caduta di quel muro in Germania. Ma ce ne sono tanti, di muri sparsi per il mondo, magari meno famosi: dove c'è un muro, c'è un cuore chiuso; dove c'è un muro, c'è la sofferenza del fratello e della sorella che non possono passare; dove c'è un muro, c'è la divisione tra i popoli, che non fa bene al futuro dell'umanità. E, se siamo divisi, mancano l'amicizia e la solidarietà. Dobbiamo invece seguire l'esempio di Gesù che ha accomunato tutti con il suo sangue.

I muri, però, non sono soltanto fisici: quando non siamo in pace con qualcuno, lì c'è un muro che ci divide. Quanto sarebbe bello un mondo con tanti ponti al posto delle barriere: la gente potrebbe ritrovarsi e vivere insieme nel segno della fratellanza, diminuendo le disuguaglianze e accrescendo libertà e diritti. Dove ci sono i muri, invece, proliferano le mafie, la criminalità, i disonesti che approfittano della debolezza del popolo, sottoposto a paura e solitudine. Siamo cristiani! Per questo dobbiamo amare il prossimo senza riserve, senza frontiere, senza alcun limite, andando oltre i muri degli egoismi e degli interessi personali e nazionali. È necessario oltrepassare gli steccati delle ideologie che amplificano odio e intolleranza.

Tornando alla caduta del Muro di Berlino, guardando le storiche immagini trasmesse dalla tv argentina, tra le varie cose che vidi mi colpirono molto la genuinità e la tenerezza di tante persone anziane che avevano vissuto sulla propria pelle una grande sofferenza e che aspettavano quel momento da chissà quanti anni: intervistate da qualche giornalista, una volta oltrepassata la cortina di ferro, per la commozione non riuscivano a parlare, ma non nascondevano per niente le lacrime.

Come Gesù, non avevano più paura del pianto: nel Vangelo leggiamo che il Signore ha versato lacrime per l'amico morto, si è commosso di fronte alla folla senza il pastore, ha pianto nel suo cuore quando ha visto una povera vedova che accompagnava il proprio figlio al cimitero. Se non si impara a piangere, dando questa testimonianza di umanità, non si può essere buoni cristiani!

Padre Jorge, dopo aver seguito per alcuni minuti la trasmissione in tv, è rientrato in stanza, vuole ultimare la stesura del testo prima di cena. E non è tutto: deve rispondere, per esempio, alla lettera di un suo ex alunno del collegio dell'Inmaculada Concepción di Santa Fe; ha messo la missiva in evidenza su una pila di libri perché l'ex liceale aspetta risposta già da alcuni giorni e lui non vuole ulteriormente ritardare. Da quegli anni d'insegnamento è rimasto in contatto con alcuni dei suoi ex allievi dei corsi di letteratura e di psicologia che gli telefonano o gli scrivono ancora.

Uno di loro, José, non ha mai perso l'abitudine di farsi sentire: questa volta con una lunga lettera ricorda l'incredibile incontro in classe con Jorge Luis Borges, il celebre scrittore argentino che il professor Bergoglio aveva invitato per parlare di letteratura gauchista a quei liceali. Benché siano passati oltre vent'anni, nella missiva l'ex studente diventato ormai medico gli chiede anche un chiarimento su uno scritto riguardante le teorie evoluzionistiche del gesuita Pierre Teilhard de Chardin, filosofo e paleontologo fran-

cese che il professore aveva fatto conoscere ai suoi studenti consigliandone i libri. Padre Jorge sorride di fronte a quella insolita richiesta e si mette alla macchina da scrivere per accontentarlo.

«Quando ci vedevamo in classe, il mondo era ancora diviso in due blocchi, mio caro José. E proprio oggi, mentre ti sto scrivendo, quel sistema è crollato, ha fallito, il Muro di Berlino non c'è più!» scrive padre Jorge in uno dei passaggi della sua risposta.

Poi riaccende il giradischi e si rimette al lavoro. O almeno ci prova. Il pensiero torna alle immagini passate sul teleschermo: avvolto dalle sinfonie di Wagner, rivede quei sorrisi, quelle lacrime di gioia, quell'incontenibile allegria. Così come riemergono i ricordi delle parole pronunciate dal presidente americano Ronald Reagan, che il gesuita ha letto qualche tempo prima sul giornale. Il 12 giugno 1987, l'inquilino della Casa Bianca aveva visitato Berlino Ovest e, davanti alla Porta di Brandeburgo, rivolgendosi a una folla di quasi cinquantamila persone, aveva detto: «Questo muro cadrà [...] Sì, in tutta Europa, questo muro cadrà. Perché non può resistere alla fede; non può resistere alla verità. Il muro non può resistere alla libertà». Era stato in quell'occasione che Reagan, durante il discorso, aveva pronunciato un'inaspet-

tata quanto perentoria e storica ammonizione al segretario generale del Partito Comunista dell'Unione Sovietica: «Signor Gorbačëv, signor Gorbačëv: abbatta questo muro!».

E poi fu abbattuto davvero: il vento del cambiamento aveva finalmente raggiunto l'Europa! Qualche giorno dopo la caduta del Muro, ricordo che Giovanni Paolo II scrisse all'episcopato tedesco una lettera in cui, manifestando la sua vicinanza a quel popolo e rivolgendosi anche a tutti i cattolici del Paese, assicurava le sue preghiere perché il Signore, con l'intercessione della Vergine Maria, potesse realizzare «le speranze dell'umanità nella giustizia, nella libertà e nella pace interna ed esterna. Fate tutto il possibile» scrisse, «anche se siete un piccolo gregge, per rinnovare il volto della terra nel vostro Paese, con la potenza dello Spirito di Dio, insieme a tutti gli uomini di buona volontà, uniti soprattutto ai cristiani evangelici.»

Quelle parole non caddero nel vuoto: il popolo tedesco seppe farne tesoro, camminando insieme, nell'unità, per ritrovarsi come fratelli e sorelle dopo che le divisioni avevano generato morte e sofferenza. Come ho già accennato, mi avevano commosso le immagini delle persone anziane in lacrime, ma mi toccarono ancor di più gli abbracci tra i membri delle stesse famiglie, separate dal muro, che finalmente si ritrovavano a Berlino Ovest. Vissi tutto ciò con una particolare gioia nel cuore perché invece, nella mia famiglia materna, c'erano stati in passato episodi di inimicizia tra fratelli e cugini che mi avevano fatto soffrire tanto. Forse anche per questa difficile situazione familiare, la mamma e io legavamo molto con le altre persone, per esempio con le signore che venivano ad aiutarla con i servizi di casa. Erano per me come delle zie.

Ricordo Berta, una signora francese sessantenne: sua figlia era stata ballerina e prostituta e poi si era sposata con un nostro vicino di casa. Anche Berta da giovane era stata ballerina a Parigi e, pur vivendo una grande povertà che si univa a quella situazione di disagio con la figlia, riusciva ad avere una dignità unica.

C'era poi Concepción María Minuto, che noi chiamavamo Concetta. Aiutava la mamma a lavare i panni a mano, veniva tre o quattro volte alla settimana e la ricordo con grande affetto: mi regalò una medaglietta della Madonna che porto ancora al collo. Lei, di origini siciliane, aveva vissuto la Seconda guerra mondiale e aveva due figli: la maggiore era una femmina e il minore era un maschio. Ci raccontava che per far nascere il suo secondogenito aveva camminato a piedi per molti chilometri, così da arrivare a prendere il treno che l'avrebbe portata in ospedale. Emergeva tanta miseria dai suoi racconti, ma questa non la scoraggiava e, soprattutto, non scalfiva la sua bontà di donna semplice.

Ricordo che a un certo punto suo figlio decise di mettere su una propria famiglia e si sposò, rimanendo in Argentina, mentre Concetta e la figlia si trasferirono in Italia. Dopo alcuni anni, entrambe tornarono a Buenos Aires: io mi trovavo già a San Miguel e un giorno vennero a trovarmi. La persona che le accolse mi avvisò: «Padre, c'è la signora Concepción Minuto per lei». Ma in quel momento ero molto indaffarato e d'istinto feci rispondere che non ero disponibile. Il giorno dopo mi colse una grande angoscia, continuavo a domandarmi: "Ma perché mi son comportato così con quella donna che conosco da tanti anni e che è venuta dall'Italia, facendo peraltro anche un biglietto del treno per raggiungermi fino a San Miguel?”. Quella sera pregai tanto e chiesi perdono al Signore per quel gesto.

Qualche anno più tardi, la figlia tornò a trovarmi e mi lasciò un biglietto: «Sono la figlia di Concetta, sono passata a salutare...». La richiamai subito. Il figlio, nel frattempo, aveva iniziato a fare l’autista a Buenos Aires e ogni tanto, quando c’era necessità, lo facevo lavorare. Un giorno mi dissero che Concetta stava per andarsene e così ebbi anche modo di assisterla spiritualmente nelle sue ultime ore di vita terrena. Penso spesso a Concetta, porto sempre con me la medaglietta che mi regalò e ogni volta che la guardo prego per lei.

Mi piace ricordare anche la signora María de Alsina. Era vedova da tempo e aveva una figlia che portava il suo stesso nome. Infatti le chiamavamo *Mari grande* e *Mari chica*. La signora lavorava come donna di servizio dai vicini, una bella coppia, lui direttore di banca e lei maestra, che però stavano tutto il giorno fuori per lavoro. *Mari grande* era molto colta, amava leggere i libri di filosofia e ascoltare l’opera: per questo ogni tanto mi faceva piacere invitarla per andare insieme a vedere qualche spettacolo in teatro. Quando María stava per morire, poi, sua figlia mi chiamò all'improvviso: «La mamma è in ospedale, sono le ultime ore...». Erano le nove di sera e andai immediatamente a trovarla per darle l'unzione degli infermi. La figlia, dopo la sua morte, rimase da sola e così mia sorella María Elena le propose di andare a vivere a casa sua.

Con le donne di servizio avevamo dunque questo rapporto rispettoso, le trattavamo come delle vere parenti. Il ramo materno della nostra famiglia invece, come ho già accennato, purtroppo era totalmente disunito: mia mamma aveva cinque fratelli, tutti in polemica tra loro. Ho incontrato i miei zii e le mie zie raramente: una di loro era stata lasciata dai figli in casa di riposo, un altro l'ho incontrato da grande soltanto una volta. Vedere questi litigi, devo ammettere, mi feriva molto.

Al contrario delle famiglie berlinesi, che fino a quel novembre del 1989 erano separate dal muro, noi avevamo la grazia del Signore di poterci vedere tutte le volte che volevamo e invece non abbiamo saputo raccogliere questo dono di Dio. La famiglia è il primo luogo dove si impara ad amare, un concetto che è sempre rimasto ben chiaro nella mia mente! Ma sappiamo anche che in tutte le famiglie c'è sempre una croce, perché il Signore prevede anche questa via: ci sono le incomprensioni, ci sono difficoltà che si superano soltanto con l'amore. L'odio, invece, non permette di farlo. Anche per questo motivo le immagini dei fratelli o dei cugini che si riabbracciavano al confine tra Est e Ovest mi commuovevano: grazie all'amore avevano superato anche quel tipo di divisione, cosa che noi invece non eravamo riusciti a fare.

Quella fu una delle ultime volte che guardai la televisione. L'anno seguente, alla vigilia del mio trasferimento a Córdoba, dove ero stato mandato e dove offrivo alla comunità dei gesuiti direzione spirituale, una sera d'inverno, era il 15 luglio 1990, mentre con i confratelli stavamo guardando la televisione nella sala di ricreazione, vennero trasmesse delle scene poco *delicate*, per usare un eufemismo, qualcosa che non faceva di certo bene al cuore. Niente di osé, per carità, ma una volta tornato in stanza dissi tra me e me: «Un prete non può guardare queste cose...». E così, l'indomani, alla Messa per la festa della Madonna del Carmelo, feci il voto di non guardare più la tv! Soltanto in rare occasioni me lo concedo: per esempio quando c'è il giuramento del nuovo presidente della Repubblica, oppure l'ho seguita brevemente quando c'è stato un incidente aereo. L'ho accesa anche per seguire la Messa della domenica durante un ricovero al Policlinico Gemelli di Roma. Ma, per esempio, non ho seguito la cerimonia di incoronazione di re Carlo d'Inghilterra o altri eventi importanti del mondo. Non per disprezzo, ma perché ho fatto il mio voto.

Detto ciò, a Córdoba rimasi per un anno, dieci mesi e tredici giorni, fino al maggio del 1992: un periodo molto lungo e *oscuro* della mia vita. Oscuro perché in quel tempo vissi con uno spirito quasi di sconfitta nel cuore, dato che non capivo bene perché fossi stato mandato lì dai superiori, ma accettando quella decisione con obbedienza. In Europa, proprio in quell'anno, si stava invece scrivendo una nuova, grande, pagina di storia.

IX

LA NASCITA DELL'UNIONE EUROPEA

La Residencia Mayor dei gesuiti è addormentata, le luci di tutte le stanze sono spente, la campana non ha ancora svegliato i confratelli per la recita delle Lodi e la celebrazione della Messa. Sono ancora tutti a letto, del resto sono soltanto le quattro e trenta del mattino. Anche fuori dall'enorme struttura in pietra e cemento, attorniata nel cortile interno da piante di avocado e di vite, non c'è anima viva. Sulla Calle Caseros, una delle più trafficate della città di Córdoba – a settecento chilometri circa da Buenos Aires – regna ancora il silenzio, si sente soltanto il rumore degli spazzoloni dei camion della nettezza urbana che puliscono le strade deserte. In lontananza echeggia il rumore di una saracine-

sca che si alza: è quella del panettiere di quartiere, Gonzalo, che si sta mettendo al lavoro.

A quell'ora, in quella calda estate del 1992, nella residenza dei gesuiti, soltanto una luce è già accesa, e lo è da un po': quella della cucina. Padre Jorge, che in genere ha la sveglia puntata alle quattro e mezza, si è alzato prima del solito: dopo il tempo dedicato alla preghiera, si è lavato nel bagno comunitario, in fondo al corridoio, poi è ritornato nella sua cella di dodici metri quadrati al piano terra per indossare velocemente la tonaca nera, lucidare le scarpe e quindi scendere di fretta. Ci ha messo un attimo a rimboccarsi le maniche, a indossare un grembiule bianco e mettersi ai fornelli. Non è la routine, è un caso eccezionale: l'ex provinciale dei gesuiti ed ex rettore del Colegio Máximo si trova lì ormai da quasi due anni, in un esilio deciso dai vertici argentini della Compagnia di Gesù; dopo dodici anni di incarichi importanti nell'ordine, i nuovi superiori hanno pensato di mettere padre Jorge in disparte e le sue giornate sono scandite dal silenzio e dalla preghiera. Ma c'è anche il tempo dedicato alle confessioni – alcuni penitenti arrivano anche da fuori città –, alla scrittura e allo studio. E poi assiste i confratelli più anziani, dà una mano in lavanderia e, raramente, si concede una passeggiata fuori dalla residen-

za per raggiungere la chiesa dei carmelitani scalzi o la basilica di Nuestra Señora de la Merced.

In quella mattina di mezza estate ha deciso, invece, di dare una mano a Ricardo e Irma: il primo è un tuttofare della residenza che conosce da quando era ragazzo, la seconda è la cuoca ed è la cugina di Ricardo. Non sono ancora arrivati, ma padre Jorge ha deciso di portarsi avanti con il lavoro perché c'è da preparare il pranzo del matrimonio di Alejandra, la nipote di Ricardo. I due il giorno prima erano in ansia, preoccupati di non saper gestire il menu per quel piccolo banchetto nuziale tra amici e familiari. E così il cinquantacinquenne Bergoglio si è offerto di cucinare la carne e un timballo di riso. Ha già messo il vitello a bollire in due grossi pentoloni e ora sta pelando le patate. Dopo esser stato ai vertici del suo ordine religioso in Argentina, adesso il gesuita porteño *sembra esser tornato alle origini del suo sacerdozio: vive un misterioso momento di analisi della propria vita, di ricerca interiore, lontano da tutti, in solitudine. Addirittura, è additato da qualche malalingua come affetto da infermità mentale. Alcuni gesuiti fanno circolare voci su di lui portando avanti una campagna di diffamazione: «Bergoglio è pazzo» dicono, ma la verità è ben altra.*

Finalmente, alle cinque e mezza, arriva anche Ricardo; pur abitando all'interno della residenza è uscito, come tutte le mattine, a prendere in una vicina edicola il quotidiano La Nación *che più tardi finirà nella sala lettura a disposizione di tutti. Ha portato a padre Jorge alcuni degli ingredienti per il pranzo: riso e yogurt per preparare il timballo insieme a Irma. Avendo però il giornale sottomano, il gesuita dà una veloce occhiata: si sofferma brevemente sui fatti di politica argentina, ma tra le notizie dall'estero nota un editoriale che commenta la firma, il 7 febbraio, del Trattato di Maastricht, l'accordo sottoscritto da dodici Paesi che di fatto sancisce la nascita dell'Unione europea. Il documento, che entrerà in vigore nel novembre del 1993, vara l'unione monetaria ed economica, prevede l'istituzione di una banca centrale e della cittadinanza europea e, tra le altre cose, anche il rafforzamento dei poteri del Parlamento europeo.*

Padre Bergoglio legge velocemente, è preso dalla preparazione del pranzo, non ha molto tempo da dedicare a quel lungo commento: dopo aver scorso le prime righe, chiude il giornale e si rimette ai fornelli.

Devo ammettere che, inizialmente, non mi soffermai molto su quella notizia che riguardava la lontana Europa, non ci feci troppo caso e, forse, la sottovalutai un po'. Poi, con il tempo, ebbi modo di approfondirla e devo dire che, leggendo bene ciò che prevedeva il trattato, mi piacque molto: la nascita dell'Unione europea fu una delle cose più belle concepite dalla creatività politica. Quei dodici Paesi avevano trovato la chiave per perseguire con successo la sussidiarietà, lungo il solco tracciato dai padri fondatori. Come ha sottolineato un gesuita francese, padre Pierre de Charentenay, l'Unione incarna, a livello europeo, ciò che la Chiesa nei suoi documenti – come per esempio l'enciclica sociale di Giovanni XXIII, *Mater et magistra*, e quella di Benedetto XVI, *Caritas in veritate* – chiede a livello mondiale: l'esistenza di un'autorità con competenze multiple che possa evitare le derive dei nazionalismi.

Anche per questo i cristiani sono chiamati a dare, oggi più di prima, il loro contributo all'Europa. Possono farlo in due modi: in primis, ricordando che essa non è un insieme di numeri ma di persone; sempre più spesso si parla di cifre, quote, indicatori economici, soglie di povertà, anziché parlare di cittadini, migranti, lavoratori, poveri. Tutto è ridotto a concetto astratto così che a livello politico si possa gestire più tranquillamente, senza creare allarmismi e senza produrre turbamento in chi ascolta. Ma se non si parla in modo chiaro delle persone, che hanno un cuore e un volto, allora questi ragionamenti rimarranno sempre senz'anima.

In secondo luogo, un altro contributo che i cristiani possono dare è riscoprire il senso di appartenenza a una comunità. Questo è il vero antidoto agli individualismi, alla tendenza diffusa oggi, soprattutto in Occidente, a vivere in solitudine. È grave quando così facendo si dà vita a una società priva di senso di appartenenza e di eredità. Lo vediamo, per esempio, quando si affronta la questione dei migranti: sembra che ci siano due Europe, con alcuni Paesi che pensano di poter vivere benissimo la loro vita guardando solo a se stessi, lasciando altri membri dell'Unione – come per esempio quelli del Mediterraneo: l'Italia, Malta, la Spagna, la Grecia e Cipro – in balia degli eventi, in una situazione d'emergenza. Questo non è fare comunità, questo è vivere un individualismo suicida che può portare soltanto all'autodistruzione. È necessario che tutti, da Nord a Sud, facciano la loro parte per accogliere, proteggere, promuovere e integrare i migranti.

Se si gioca una partita in solitaria, invece, si creerà anche uno scollamento affettivo tra cittadini e istituzioni europee, che possono essere percepite come lontane e disattente ai bisogni dei singoli. L'Europa è principalmente una famiglia di popoli: per questo il governo centrale deve tener conto delle necessità di ciascun Paese, rispettandolo nella sua identità e intervenendo se necessita di assistenza in qualsivoglia campo.

Tornando al Trattato di Maastricht, quando lessi la notizia su *La Nación*, il commentatore che raccontava questa novità ricordava che l'Europa, dopo la caduta del Muro di Berlino, aveva adesso bisogno di essere unita perché così avrebbe acquisito più forza per superare tutti i conflitti e mettere fine alle divisioni del secondo dopoguerra. In quel periodo della mia vita, però, la mia attenzione era rivolta a ben altri conflitti, quelli interiori, del mio cuore.

Ero già stato a Córdoba come novizio, dal 1958, nell'Instituto Sagrada Familia del quartiere Pueyrredón. Tra i miei compiti, oltre ad assistere alcune persone anziane, c'era quello di radunare, il sabato pomeriggio e la domenica mattina, i bimbi degli angoli più poveri, che vivevano nei quartieri intorno all'ospedale Tránsito Cáceres de Allende, per far loro catechismo in preparazione alla prima comunione. Ci ritrovavamo nel cortile interno della casa della famiglia Napoli, una famiglia molto generosa di origini siciliane: marito e moglie avevano due bambini e, insieme a tutti gli altri piccoli, una decina in tutto, ogni fine settimana ci mettevamo sotto un albero del patio per fare la lezione di dottrina. Alla fine, ogni tanto, davo loro delle caramelle e facevamo anche una partita a pallone. Non sono mai stato bravo a calcio, da ragazzino mi mettevano a giocare in porta perché i compagni di squadra dicevano che avevo le gambe di legno, ma quello era solo un modo per farli svagare e socializzare al termine dell'incontro. La settimana seguente, poi, ponevo loro qualche domanda sui temi già trattati e, se rispondevano correttamente, regalavo loro dei santini o qualche medaglietta della Madonna. Talvolta ho anche insegnato loro alcune canzoni popolari italiane, di quelle che papà ascoltava in casa quando eravamo piccoli e che, quindi, avevo imparato a memoria. Ricordo per esempio *O Sole mio* oppure *Dove sta Zazà* o ancora *Torna piccina*, successi che negli anni Quaranta erano molto ascoltati tra gli italiani che vivevano a Buenos Aires.

Quando nel 1990 ritornai a Córdoba *en destierro*, in esilio per punizione, lo scenario era completamente cambiato: avevo guidato la provincia argentina dei gesuiti, avevo avuto incarichi di grande responsabilità e adesso ero tornato a essere un semplice confessore, un ministero, questo, molto bello e importante.

In quel periodo prevaleva l'oscurità, un'ombra che mi portava a lavorare su me stesso, concedendomi di trasformare quella situazione in un'occasione di purificazione interiore. In quei momenti la spiritualità ignaziana fu il mio faro, ma sono anche convinto che il Signore mi abbia permesso di vivere quel periodo di crisi per mettermi alla prova e poter leggere meglio nel mio cuore. In quei quasi due anni pensai tanto al mio passato, al mio periodo da provinciale, alle scelte fatte in modo istintivo e personalistico, agli errori commessi per via del mio atteggiamento autoritario, tanto da esser stato accusato di essere ultraconservatore.

Mi sono quindi convinto sempre di più che quegli anni di silenzio, nella cella numero cinque della residenza di Córdoba, siano serviti per poter capire come guardare avanti con serenità. Qualcuno con il tempo ha enfatizzato un po' troppo ciò che accadde in quel periodo oscuro della mia vita: c'è chi ha parlato di *mobbing* nei miei confronti, di telefonate che non mi venivano passate o di lettere che non mi venivano consegnate. Questo non è vero, sarebbe ingiusto dire che le cose andarono in questo modo. C'è chi ha pensato che per me, a quell'età, fosse umiliante occuparmi dei confratelli ammalati, lavarli o dormire al loro fianco per dare assistenza, o aiutare in lavanderia: per me, però, era spontaneo farlo e credo anche che sia un passaggio fondamentale nella vita di chiunque voglia davvero incontrare Gesù Cristo. Mettersi al servizio dei più fragili, dei poveri, degli ultimi è ciò che ogni uomo di Dio, soprattutto se sta ai vertici della Chiesa, dovrebbe fare: essere pastori con addosso l'odore delle pecore.

È vero invece che in quel periodo ero molto chiuso in me stesso, un po' depresso: passavo la maggior parte del mio tempo nella residenza, uscivo di rado.

Avevo molto tempo libero e alle confessioni alternavo lo studio, la lettura dei documenti di Papa Giovanni Paolo II e dei libri dell'allora cardinale Joseph Ratzinger per la mia tesi di dottorato, lo studio di quasi tutta la storia dei papi scritta dallo storico Ludwig von Pastor: ho divorato trentasette volumi su quaranta, un bel record! E, per come sono andate le cose nella mia vita, devo dire che quella lettura mi è proprio tornata utile!

Sempre in quegli anni, iniziai a scrivere due libretti: *Riflessioni sulla speranza* e *Peccato e corruzione*. In quest'ultimo, ispirato da un articolo del giornalista Octavio Frigerio intitolato *Corrupción, un problema político* – Corruzione, un problema politico – c'è un passaggio che, rileggendolo a distanza di tanti anni, mi ha fatto pensare ad alcuni scandali che hanno implicato anche le istituzioni europee: «Quando un corrotto esercita il potere, coinvolgerà sempre gli altri nella sua corruzione, li abbasserà al suo livello. La corruzione puzza di putrefatto, è come l'alito cattivo: difficilmente chi ha l'alito cattivo ne è a conoscenza. Sono gli altri che lo sentono e debbono dirglielo. È così che il corrotto difficilmente può uscire da questa sua condizione per rimorso di coscienza. Ha anestetizzato la bontà dello spirito».

È già arrivato il mese di maggio. Padre Jorge, dopo il pranzo in refettorio, è salito al primo piano e si è fermato, come fa tutti i giorni nel primo pomeriggio, a pregare davanti alla piccola statua di san Giuseppe che tiene in braccio il Bambino. Poggia la mano sul vetro che protegge il santo e china la testa. I confratelli che stanno scendendo o salendo le scale lo vedono lì, immobile, immerso nella preghiera, totalmente distaccato dalle cose terrene. Rientrato in camera, si mette alla scrivania, tira fuori dall'armadio la macchina da scrivere, ma viene avvisato attraverso il campanello Morse, con il codice punto-linea-punto, che c'è una telefonata per lui. Raggiunge la cabina con il ricevitore e gli passano una chiamata molto urgente che arriva da Buenos Aires: è il nunzio apostolico, l'arcivescovo Ubaldo Calabresi. Per padre Jorge non è affatto una sorpresa: i due si sentono spesso; il nunzio, infatti, lo consulta periodicamente per chiedergli dei pareri sui nominativi di nuovi possibili vescovi. L'alto prelato però questa volta non vuole stare troppo tempo al telefono, vuole incontrare il gesuita di persona:

all'aeroporto di Córdoba dove farà scalo prima di rientrare nella capitale.

«Ci sarò, eccellenza...» lo rassicura il sacerdote. E riattacca.

Padre Bergoglio non ha molto tempo per arrivare puntuale all'appuntamento, ma prima di uscire per raggiungere la stazione del bus che lo porterà in aeroporto trova un momento per fermarsi all'interno della Capilla Doméstica, dove va tutti i giorni a recitare il Rosario, per rivolgere una preghiera alla Madonna di Fátima: è infatti il 13 maggio, il giorno in cui la Chiesa ricorda la prima apparizione della Vergine ai tre pastorelli portoghesi, nel 1917. Passa anche dalla sala lettura e afferra velocemente uno dei quotidiani a disposizione per leggerlo durante il lungo viaggio in autobus, certo che i confratelli non si risentiranno: ci sono altri giornali e comunque lo restituirà in tempo se qualcuno vorrà sfogliarlo dopo cena.

Una volta a bordo, seduto accanto a una donna che allatta il proprio bambino, il gesuita apre con curiosità il quotidiano e viene colpito dalla foto della regina Elisabetta II che il giorno prima, il 12 maggio 1992, a seguito della firma del Trattato di Maastricht, ha tenuto uno storico discorso al Parlamento europeo riunito a Strasburgo. L'articolo ripor-

ta alcuni stralci delle parole della sovrana britannica e padre Jorge comincia a leggere con interesse: «Tutti noi stiamo cercando di preservare la ricca diversità dei Paesi europei, perché se tale diversità venisse soppressa l'Europa ne sarebbe indebolita, non rafforzata. Le decisioni devono essere prese il più vicino possibile ai cittadini, perché siano efficaci. Allo stesso tempo, però, dobbiamo rafforzare la capacità degli europei di agire su base europea quando la natura o la scala di un problema richiede una risposta europea. È questo il necessario equilibrio raggiunto a Maastricht. Sono qui, oggi, ben consapevole delle differenze fra le tradizioni parlamentari nazionali all'interno della Comunità. Gli europarlamentari britannici avranno senza dubbio portato nelle deliberazioni di questa assemblea i toni vigorosi dei dibattiti che si tengono a Westminster: uno stile che può diventare anche aggressivo, come hanno dovuto scoprire alcuni dei miei antenati. Ma le differenze di stile e di opinione sono insignificanti rispetto al convinto impegno degli europei di oggi per la riconciliazione e la democrazia. Molto meglio i discorsi duri e le polemiche di un dibattito genuino, di cui questo Parlamento è un forum, piuttosto che una scialba uniformità».

La regina Elisabetta in quel discorso aveva ragione: uno dei compiti dell'Europa che si stava delineando in quegli anni era proprio quello di preservare e coltivare la diversità dei vari Paesi. Il progetto era ambizioso e si stava camminando sulla scia indicata dai padri fondatori dell'Unione europea, con il loro sogno di armonizzare le differenze.

Durante il mio viaggio a Budapest nell'aprile del 2023 ho incontrato le autorità, esponenti della società civile e del corpo diplomatico: in quell'occasione, richiamando il discorso che ho tenuto al Parlamento europeo di Strasburgo nel 2014, ho parlato proprio della necessità che l'Europa non sia ostaggio delle parti, vittima di populismi autoreferenziali, e che non si trasformi nemmeno in una realtà fluida che dimentica la vita dei popoli. Ho parlato del bisogno di armonia, in cui ciascuna parte si senta integrata nell'insieme e conservi, allo stesso tempo, la propria identità; ogni popolo porta le sue ricchezze, la sua cultura, la sua filosofia e deve poter mantenere questa ricchezza, questa cultura e questa filosofia, armonizzandosi nelle differenze.

Il problema è che oggi questo non avviene più, il sogno dei fondatori sembra essere ormai lontano. E se ne ho parlato proprio a Budapest è perché spero che quelle parole siano state ascoltate sia dal primo ministro ungherese Viktor Orbán, perché capisca che c'è tanto bisogno di unità, sia da Bruxelles – che sembra voler uniformare tutto – perché rispetti la singolarità ungherese.

Di questa necessità parlò sempre a Strasburgo – nel 1988 e quindi ancor prima della caduta del Muro di Berlino – anche Giovanni Paolo II, che tenne un memorabile discorso al Parlamento europeo: chiarì molto bene il concetto, aggiungendo che gli europei avrebbero dovuto accettarsi gli uni gli altri pur appartenendo a diverse tradizioni culturali o correnti di pensiero, e accogliere anche le persone straniere e rifugiate, aprendosi dunque alle ricchezze spirituali dei popoli degli altri continenti.

Una visione cristiana, questa, che ci permette di trovare nella storia dell'Europa un incontro continuo tra cielo e terra, dove il cielo indica l'apertura al trascendente, a Dio, che ha sempre contraddistinto il popolo europeo. La terra rappresenta invece la sua capacità pratica e concreta di affrontare le situazioni e i problemi. Il futuro dell'Europa – la vecchia Europa, stanca e sterile – dipende dalla scoperta del nesso vitale tra questi due elementi. Un'Europa che non è più capace di aprirsi alla dimensione trascendente della vita è un'Europa che lentamente rischia di perdere la propria anima e anche quello *spirito umanistico* che ama e difende.

È necessario che l'Unione oggi si svegli dal torpore, che torni a dare alla luce un nuovo umanesimo basato su tre capacità: integrare, dialogare e generare. Dopotutto il Vecchio Continente, se necessario, è in grado di ricominciare da capo: lo ha dimostrato dopo la Seconda guerra mondiale quando tutto era da ricostruire. E ci riuscì perché la speranza non venne mai meno nei cuori di chi stava fondando questo nuovo soggetto politico, mettendo al centro di tutto gli esseri umani. È fondamentale, a tal proposito, che si pensi alla formazione di persone che leggano i segni dei tempi e sappiano interpretare il progetto europeo nella storia di oggi. Altrimenti prevarrà soltanto il paradigma tecnocratico che non attira le nuove generazioni e sancirà la fine di questo progetto.

Tornando a quel pomeriggio del 13 maggio 1992, il mio autobus era finalmente arrivato all'aeroporto di

Córdoba, stranamente in leggero anticipo. Ciò che accadde durante il mio incontro con il nunzio Calabresi, un grande uomo a cui devo tanto, ormai credo sia di dominio pubblico. Prima parlò di tutt'altro, rivolgendomi una serie di domande sui temi più disparati. E poi, all'improvviso, mentre stava già per raggiungere il gate per imbarcarsi, mi diede la notizia che avrebbe cambiato la mia vita: «Vorrei dirle che lei è stato nominato da Giovanni Paolo II vescovo ausiliare di Buenos Aires e la nomina sarà pubblicata tra sette giorni, il 20 maggio. Mi raccomando, non ne faccia parola con nessuno».

Mi aveva totalmente spiazzato: rimasi immobile, senza dire una parola, ammutolito come avviene ogni volta che mi dicono qualcosa di inatteso. Mi succede ancora oggi! Comunque, rispettando la richiesta del nunzio apostolico, mantenni il più completo riserbo, a cominciare da quella sera, durante la cena in refettorio con il superiore e gli altri confratelli: la notizia rimase segreta fino alla pubblicazione. Il cardinale Antonio Quarracino, arcivescovo di Buenos Aires, che avevo avuto la grazia di conoscere diversi anni prima, quando predicavo gli esercizi spirituali e lui era ancora arcivescovo di La Plata, mi aveva voluto come suo stretto collaboratore e così divenni uno dei quattro ausiliari scelti da lui.

Dopo l'ordinazione episcopale nella cattedrale della città, di fronte a Plaza de Mayo, l'arcivescovo mi mandò come vicario episcopale proprio a Flores, il quartiere della mia infanzia, dove ero cresciuto e dove adesso, a cinquantacinque anni, ritornavo come pastore. C'era una grande aria di festa, il mio periodo oscuro era soltanto un ricordo e il Signore voleva che iniziassi un nuovo percorso accanto al popolo, portando la parola e il conforto di Cristo alle famiglie più bisognose di attenzione che vivevano nelle *villas miserias*.

In quegli anni conobbi anche un sacerdote che aveva una vocazione per operare proprio nelle baraccopoli, padre Pepe Di Paola. Nel 1994, quando ero già stato nominato vicario generale, lo mandai come parroco a Ciudad Oculta e qualche anno dopo a Villa 21, zone degradate di Buenos Aires. Lavorava con bambini, bambine e persone indigenti e ricordo che andavo spesso a trovarlo perché, come ho già accennato prima, ho sempre ritenuto fondamentale che il pastore stia in mezzo a tutte le sue pecore. Se c'era una necessità, perché un altro prete era magari ammalato, davo una mano celebrando Messa o confessando. Cercavo di essere sempre presente anche alle processioni organizzate dai *curas villeros*, i preti delle baraccopoli coordinati da padre Pepe, camminando in mezzo a quella gente che cercava Gesù: la pietà popolare è il sistema immunitario della Chiesa!

Questi sono stati alcuni dei momenti più belli della mia vita: tra quelle viuzze polverose ho trovato anch'io il Signore che mi diceva di non abbandonare quelle povere anime. Ma c'erano anche momenti dedicati ad ascoltare le loro storie, accettando l'invito nelle loro abitazioni per bere una tazza di *mate* e scambiare due chiacchiere, come fanno i vecchi amici. Non pensate che fossero sempre storie divertenti e che stessimo lì a farci due risate: ho asciugato tante lacrime, perché quella gente viveva in mezzo alla miseria, in case di mattoni e lamiera, in mezzo ai cani randagi, senza acqua potabile. La criminalità e il narcotraffico sono i veri dominatori di quelle aree disagiate: i bambini, lasciati allo stato brado, vengono coinvolti già da piccolissimi nello spaccio di droga. La presenza della Chiesa era allora fondamentale ed è ancora oggi necessaria per fare un lavoro di prevenzione, indirizzando soprattutto i più piccoli verso un futuro limpido e lontano da questi mali che corrompono l'anima. Quanto è importante il lavoro della Chiesa nelle periferie, soprattutto quando lo Stato è assente! Preti e suore, con la loro presenza e le loro parole, possono fare la differenza e aiutare soprattutto i più giovani a imboccare la giusta strada per non finire intrappolati in spirali drammatiche che distruggerebbero per sempre la loro vita. L'ascolto con pazienza e apertura mentale di queste persone, di genitori in crisi, di ragazze e ragazzi di strada, può davvero cambiare le cose in meglio. L'ho provato di persona, ascoltando e parlando, ancora oggi, con centinaia di persone che vivono ai margini.

Qualche anno dopo, nel 1997, il nunzio apostolico mi sorprese per la seconda volta: al termine di un pranzo come tanti altri, fece portare una torta e una bottiglia di champagne per brindare. Chiesi se fosse il suo compleanno. «No» disse, «non è il mio compleanno. Questo è per lei!» Rimasi ancora una volta spiazzato, non capivo. Allora lui aggiunse: «Dal prossimo 3 giugno lei sarà il nuovo arcivescovo coadiutore di Buenos Aires».

In sostanza, acquisivo un diritto di successione quando l'arcivescovo si sarebbe ritirato per raggiunti limiti di età. Purtroppo, il cardinale Quarracino morì alcuni mesi dopo quella nomina, prima di compiere i settantacinque anni, l'età canonica per presentare le dimissioni, e così, il 28 febbraio 1998, mi ritrovai all'improvviso a guidare la grande arcidiocesi *porteña*.

Svolsi quest'incarico così delicato con un'unica grande priorità: essere al servizio del popolo argentino, soprattutto quello sopraffatto dalla miseria e dalla povertà. Fu una sfida e un grande dono poter portare il Vangelo di Gesù Cristo sia tra i potenti, spesso sordi perché distratti da altri interessi e da una società sempre più "liquida", sia in mezzo agli ultimi, i prediletti del Signore, che con i loro occhi desiderosi d'amore e i loro silenzi assordanti mi hanno insegnato tanto. In quegli anni bellissimi ho stretto mani rugose e ferite di gente affamata che non toccava cibo da giorni. Mani che hanno rubato per poter sfamare i figli, mani che hanno cercato aiuto per cambiare vita ed essere migliori. Ho accarezzato volti di giovani e di anziani, abbandonati sul ciglio della strada senza più speranza, volti di donne a cui era stata rubata la dignità, volti di padri terrorizzati e volti di madri martoriate dall'indifferenza. Volti di bambini e bambine a cui era stato rubato il futuro. E in tutti loro ho sempre trovato l'unico Salvatore, Gesù Cristo, che è la via, la verità e la vita.

È un dono, tutti devono saperlo, tutti devono provarlo: sporchiamoci le mani, diamo un senso alla nostra esistenza cercando Dio in mezzo ai poveri, toccando le loro mani, guardandoli negli occhi. Stando in mezzo agli invisibili delle nostre città, accogliendoli e sostenendoli, troveremo giovamento e la nostra vita diventerà migliore! Anche adesso che da Papa sono lontano dalle strade dell'Argentina, so che questa è l'unica via, insieme alla preghiera, per sentire tutti i giorni la presenza del Signore: basta un pranzo con i poveri, basta un incontro, uno sguardo, per ritrovare la forza necessaria ad andare avanti!

Tornando a quegli anni, sapendo che Buenos Aires allora era una sede storicamente cardinalizia, mi aspettavo che sarebbe arrivata anche la porpora: e così fu. Nel 2001 Giovanni Paolo II decise di scegliermi come cardinale insieme ad altri quarantatré fratelli. L'ennesima novità che vissi religiosamente, pregando, con la certezza evangelica che ogni ascesa implica una discesa. Il concistoro si tenne il 21 febbraio in piazza San Pietro, a Roma. Nessuno di noi poteva immaginare che, in quello stesso anno, il mondo intero sarebbe stato sconvolto dagli attacchi terroristici dell'11 settembre negli Stati Uniti d'America.

X

GLI ATTACCHI TERRORISTICI DELL'11 SETTEMBRE

In arcivescovado è un viavai continuo di persone: dipendenti, addetti alle pulizie, tecnici, inservienti, preti, suore; c'è chi è già al lavoro dalle sette e mezza del mattino e chi sta per entrare in servizio perché tirerà fino a sera. È una giornata come tante in Avenida Rivadavia: un camion parcheggiato davanti all'edificio sta scaricando delle scatole contenenti articoli di cancelleria, un elettricista è in piedi sulla scala per sostituire le lampadine fulminate all'interno di alcuni uffici della Curia.

Tra questi c'è quello della signora Otilia, segretaria dell'arcivescovo, che, tra una sigaretta e l'altra, con un orecchio dà retta al tecnico e con l'altro rimane in attesa di cap-

tare eventuali chiamate dalla stanza del cardinale, l'arcivescovo Bergoglio. La donna è un po' in ansia perché, come quasi tutti i giorni, ha una lista infinita di gente che arriverà per essere ricevuta dal porporato e lei dovrà dedicarsi anche alla loro accoglienza. Non conosce quelle persone, non ha i loro numeri di telefono, sono quasi tutti appuntamenti fissati direttamente dall'arcivescovo, che ha un'agenda personale dove segna tutto. Padre Jorge – come in tanti continuano a chiamarlo, anziché "eminenza" – in quella gelida mattina di settembre è arrivato presto, come tutti i giorni del resto, in clergyman e con al seguito la sua borsa nera. Abita in un piccolo appartamento ricavato al terzo piano dell'arcivescovado: una camera da letto con bagno, una stanza con la scrivania e una libreria alle spalle, e una minuscola cappella. A differenza di tanti altri porporati, gli abiti cardinalizi che ha nell'armadio non sono fatti su misura: sono quelli già utilizzati da Quarracino, rammendati e riadattati dalle suore.

Su un ripiano in camera tiene una statuina di san Francesco d'Assisi, un'immagine di santa Teresina di Lisieux, a cui è devoto, e un grande crocifisso davanti al quale prega tutti i giorni, poggiandosi con la mano alla parete. Su un altro mobile c'è il san Giuseppe dormiente che custodisce da quando era provinciale dei gesuiti e sotto il quale di tanto in tanto infila i foglietti su cui scrive tutte le situazioni difficili da superare.

Nell'elegante barrio di Olivos, a circa venti chilometri dal centro città, ci sarebbe l'enorme e signorile residenza arcivescovile, ma lui l'ha trasformata in una casa per esercizi spirituali. Il neocardinale ha rinunciato anche allo storico ufficio dell'arcivescovo, sistemandosi in una stanza più piccola e austera e trasformando quella ben più lussuosa che gli sarebbe spettata in un deposito di libri, oggetti o generi alimentari pronti per esser regalati: il gesuita ha conservato, infatti, l'abitudine di distribuire a chi ne ha più bisogno tutto ciò che riceve in dono. Muovendosi in metropolitana o in bus, poi, non necessita nemmeno della limousine con l'autista, al quale ha trovato un nuovo lavoro.

Proprio durante uno di questi viaggi sui mezzi pubblici, il giorno prima, il sessantaquattrenne ha conosciuto un gruppetto di giovani maestri e maestre che, dopo una breve conversazione e con un pizzico di sfrontatezza, gli hanno chiesto un appuntamento per l'indomani, in occasione del Día del maestro, la festa degli insegnanti: in Argentina, infatti, ogni 11 settembre si festeggiano i maestri di scuola in ricordo di Domingo Faustino Sarmiento, ex presidente argentino e scrittore che dedicò buona parte della sua vita allo sviluppo dell'istruzione pubblica nel Paese. Bergoglio, rientrato a casa, ha controllato la sua agenda e la stessa sera ha telefonato a uno di quei giovani per confermare l'udienza dell'indomani. E adesso sono tutti quanti sulla lista degli incontri mattutini che ha in mano la segretaria.

Sono le dieci e venti, una piccola delegazione di imprenditori è appena uscita dall'ufficio del cardinale, la porta è di nuovo aperta. Dalla sua stanza, padre Jorge sente però un parlottare agitato, qualcuno che addirittura alza la voce: c'è uno strano movimento di persone, gente che esce dagli uffici. Si affaccia anche lui sulla porta e nota un gruppetto di collaboratori della Curia immobili davanti a un piccolo televisore. Avvicinandosi, vede una scena che sembra quella di un film. Ma è la realtà: un'edizione straordinaria del notiziario sta trasmettendo le immagini di una delle due Torri Gemelle di Manhattan, la torre nord, in fiamme. Il corrispondente dagli Stati Uniti racconta in diretta, al telefono, che un aereo si è schiantato contro il grattacielo.

Padre Jorge controlla l'orologio che porta al polso, sono già le dieci e mezza, sarebbe l'ora di un'altra visita, ma ciò che sta vedendo in televisione è talmente incredibile da lasciarlo paralizzato. Non fa in tempo a chiedere: «Ma cosa è successo?» che un secondo aereo va a schiantarsi sull'altra *torre, la torre sud del World Trade Center. Il tutto è avvenuto circa mezz'ora prima, la televisione argentina ha messo in piedi quell'edizione straordinaria il più rapidamente possibile e adesso sta ricevendo le prime immagini in differita dai grandi network americani.*

«Madre de Dios...» *sono le sue prime e uniche parole, pronunciate sottovoce. E chiude gli occhi, chinando il capo e raccogliendosi subito in preghiera. Una nube di fumo scuro invade le strade di Manhattan, gente ricoperta di polvere scappa via a fatica, qualcuno si lancia dalle torri in fiamme, altre persone, che sono riuscite a fuggire dagli edifici, con il viso ricoperto di sangue, chiedono aiuto. Si sentono le sirene dei Vigili del Fuoco, delle ambulanze, c'è chi piange, chi urla. Una scena apocalittica: gli Stati Uniti sono sotto attacco. Si conteranno quasi tremila morti.*

Il mio cuore era a pezzi di fronte a quelle immagini, stavamo assistendo a qualcosa di sconvolgente che non avremmo mai nemmeno ipotizzato. Il primo pensiero è andato immediatamente a tutta quella povera gente che era dentro le torri e poi ai loro familiari, perché sicuramente avrebbero trascorso giorni drammatici. Mi sono raccolto subito in preghiera, chiedendo al Signore di alleviare le sofferenze di quelle persone e accogliere al suo cospetto le vittime innocenti di quelle azioni disumane. Ho pianto per loro. Quella mattina guardai soltanto il video del secondo aereo che finiva contro la torre; poi, in seguito, mi mostrarono anche le immagini del primo aereo e dell'attacco al Pentagono, così come dell'aereo precipitato in Pennsylvania: mi rimasero impressi i volti di quegli americani smarriti, spiazzati, ricoperti di polvere o in mezzo ai detriti che scappavano o che venivano soccorsi. Che pena... Ogni volta che penso a loro, mi vengono in mente le immagini delle guerre sparse per il mondo e della sofferenza di chi finisce sotto le bombe. La guerra, quell'11 settembre 2001, era arrivata nel cuore dell'Occidente; non era più soltanto qualcosa che riguardava il Medio Oriente o qualche Paese dell'Africa o dell'Asia, spesso poco noto agli abitanti del cosiddetto primo mondo: gli Stati Uniti, conosciuti come una delle grandi potenze del mondo, erano stati attaccati.

Inizialmente, quando il primo aereo si schiantò sul grattacielo, tutti pensammo a un incidente, ma poi, con il secondo, la verità si fece evidente: c'era un attacco terroristico in corso e il mondo stava ripiombando nell'incubo della guerra. In quei giorni qualche complottista addirittura ipotizzò, scrivendolo sui giornali o sul web, che quella mattina tutti gli ebrei in servizio al World Trade Center non fossero andati al lavoro perché avvisati in anticipo di ciò che sarebbe accaduto. Questa grave accusa creava una ferita forse ancora più profonda di quanto stava avvenendo in quei giorni, perché si puntava il dito contro un popolo innocente che nella storia è stato vittima di un genocidio che grida vendetta al cospetto di Dio. La disperazione era di tutti, senza distinzioni di religione: quel giorno furono versate lacrime di dolore di fronte a un fratricidio, di fronte all'incapacità di far convivere le nostre differenze dialogando; fu una perdita ingiusta e insensata di innocenti, con un atto di violenza inaudita, la negazione di ogni autentica religiosità.

È una bestemmia, come successe anche allora, utilizzare il nome di Dio per giustificare le stragi, gli omicidi, gli attacchi terroristici, la persecuzione di persone e di intere popolazioni. Nessuno può appellarsi al nome del Signore per compiere il male. Il compito degli uomini di Chiesa dev'essere quello di denunciare e portare alla luce ogni tentativo di giustificazione di qualsiasi forma d'odio in nome della religione e condannare chi compie questa falsificazione idolatrica di Dio.

Nel giorno degli attentati dell'11 settembre la morte sembrava aver preso il sopravvento su tutto, ma era rimasta accesa una piccola fiammella nell'oscurità: quella dell'amore. In mezzo a quel dolore lacerante, l'essere umano seppe mostrare il suo volto migliore, quello della bontà e dell'eroismo. Pensiamo a chi si mise a disposizione per dare supporto ai soccorritori, a chi distribuì cibo e acqua, a chi tenne aperta la propria attività per fornire assistenza alle forze dell'ordine, a chi portò coperte e generi di prima necessità, anche da lontano. Pensiamo alle mani tese in una metropoli che poteva sembrare orientata soltanto al profitto e che invece si mostrò capace di generare solidarietà verso tutti.

In quel momento le differenze di religione, di sangue, di origine, di politica, furono abbattute in nome di una fraternità che non ha confini. Erano tutti americani ed erano fieri di esserlo! E penso anche ai poliziotti o ai Vigili del Fuoco di New York che entrarono nelle torri ormai vicine al collasso per salvare più vite umane possibile. Rischiarono tutto, misero la vita degli altri prima della loro: alcuni caddero in servizio, altri riuscirono a mettere in salvo tante persone, mentre intorno la devastazione regnava su tutto.

Nel 2015 volli visitare quel luogo, il Memorial di Ground Zero, per un incontro interreligioso: pregammo tutti insieme il Signore di rafforzarci nella speranza e di concederci il coraggio di lavorare per un mondo in cui la pace e l'amore possano regnare tra le nazioni e nei cuori di tutti. In quell'occasione potei anche incontrare i familiari di alcuni dei soccorritori caduti in servizio: vidi nei loro occhi un dolore incolmabile, ma anche la forza del ricordo e dell'amore. Tanti avevano perdonato, in onore dei propri cari che mai avrebbero cercato vendetta. Il nostro impegno per la pace deve essere quotidiano, soprattutto per quei Paesi dove la guerra sembra non avere fine.

Il giorno dopo gli attacchi, il 12 settembre 2001, tutti pregammo in comunione con Papa Giovanni Paolo II, che all'udienza generale elevò la sua supplica a Dio chiedendogli «di fronte all'orrore della violenza distruttrice» di venirci in soccorso in quei giorni di lutto e di dolore innocente. Il Papa disse, nel suo discorso, che stavamo vivendo un giorno buio nella storia dell'umanità e che quanto avvenuto negli Stati Uniti era stato un terribile affronto alla dignità dell'uomo. Avemmo modo di parlarne anche di persona, con lui e con altri fratelli cardinali, alla fine del mese, quando raggiunsi il Vaticano per l'Assemblea Generale del Sinodo dei Vescovi, dedicata proprio alla figura del vescovo.

Mentre a Buenos Aires si fa spazio la primavera, a Roma l'autunno regala uno spettacolo unico, le foglie ingiallite degli alberi che costeggiano il Tevere volteggiano nell'aria, carezzate dal vento. I riflessi dorati del sole s'intrecciano con i colori caldi della stagione, mentre le ombre si allungano sulle rive del fiume. Le maestose statue di Ponte Sant'Angelo si specchiano nell'acqua. Si notano alcune figure, avvolte in cappotti scuri, che con passo deciso cercano riparo dalle prime folate di vento, ormai freddo.

Padre Jorge è arrivato da una decina di giorni, è già la terza volta che visita l'Italia dal concistoro di febbraio; ha fatto una breve tappa a Torino per salutare qualche parente: è stato ospite in casa di sua cugina Carla e poi ha raggiunto la capitale per partecipare al Sinodo che durerà fino alla fine di ottobre. La poesia di quei paesaggi da cartolina è spezzata dal caos mattutino e dallo strombazzare delle auto: il Lungotevere è paralizzato, le moto cercano di superare da destra e da sinistra l'infinita colonna di macchine. Un tassista inveisce dal finestrino contro un altro automobilista, mentre il conducente di un bus, l'ennesimo a procedere a rilento per colpa dell'ingorgo, cerca di tenere a bada un gruppo di matricole universitarie che protesta per il ritardo. I turisti invece vanno a piedi, si dirigono a frotte verso piazza San Pietro, molti di loro scattano fotografie al Tevere e cercano l'inquadratura migliore da mostrare agli amici una volta rientrati a casa.

In quei giorni i chioschi dei giornali per strada espongono riviste e quotidiani dedicati agli attacchi terroristici dell'11 settembre. Anche in Italia se ne parla ancora. D'altronde non è passato nemmeno un mese dalla tragedia e, il 7 ottobre, in Afghanistan è scattata anche l'operazione Enduring Freedom *del governo americano e dei suoi alleati: bombardamenti aerei a supporto dei ribelli e attacchi di terra a seguito del rifiuto del leader dei talebani, il Mullah Omar, di conse-*

gnare il capo di al-Qaida, Osama bin Laden, la mente degli attentati negli Stati Uniti. Il mondo, insomma, è di nuovo in guerra.

Una veloce occhiata a quei giornali l'ha data, passando di gran fretta, anche il cardinale Bergoglio, che per fortuna non è bloccato nel traffico perché sta andando a piedi, come fa del resto tutte le mattine: una camminata di circa venticinque minuti, sotto il pallido sole dell'autunno romano, dalla residenza per sacerdoti di via della Scrofa, a due passi da piazza Navona, fino al Vaticano, dove è in corso il Sinodo dei Vescovi. Il cardinale argentino è relatore generale aggiunto dell'assise e tutti i giorni lavora a stretto contatto con vescovi e porporati di tutto il mondo per redigere le Propositiones *che riassumeranno il frutto delle discussioni e degli interventi dei partecipanti.*

Anche il gesuita, il 2 ottobre, è intervenuto in assemblea per condividere il suo pensiero sulla figura del vescovo, sottolineando come, a suo parere, i pastori debbano avere una predilezione per i poveri, uno spirito missionario e soprattutto essere profeti di giustizia, in particolare per gli scartati dalla società. Il porporato porteño *ha letto in aula, nella sua lingua madre, il breve discorso, riprendendo una meditazione del 1996 scritta in occasione degli esercizi spi-*

rituali che ha guidato per i vescovi spagnoli: segna, difatti, le differenze tra i pastori che vigilano *sul popolo e quelli che* vegliano *su di esso. «Soprintendere fa più riferimento alla cura della dottrina e delle abitudini nella loro espressione e nella loro pratica; invece* vegliare *ha più il significato di curare che ci siano sale e luce nei cuori.* Vigilare *richiama lo stare all'erta davanti al pericolo imminente, mentre* vegliare *vuol dire sopportare con pazienza le modalità con cui il Signore continua a preparare la salvezza del suo popolo. Per vigilare basta essere svegli, astuti, rapidi. Per* vegliare *bisogna avere anche la mansuetudine, la pazienza e la costanza della carità provata. [...] Soprintendere e vigilare rimandano a un certo controllo necessario.* Vegliare, *invece, ci parla di speranza. La speranza del Padre misericordioso che veglia sul progresso dei cuori dei suoi figli.»*

Durante le pause dei lavori, nei giorni successivi, dei confratelli si avvicinano a Bergoglio: alcuni si complimentano ancora per il suo intervento, altri vogliono confrontarsi con lui su quello e su altri temi. Ma c'è tempo anche per commentare le notizie dei giornali, tra cui la guerra al terrorismo guidata dagli Stati Uniti dopo l'attacco alle Torri Gemelle.

La mia nomina a relatore aggiunto era, in un certo senso, legata a quegli attacchi terroristici perché il relatore del Sinodo era il cardinale Edward Egan, l'arcivescovo di New York, che alcuni giorni prima dell'11 ottobre 2001 chiese al Papa il permesso di far ritorno a casa per le commemorazioni del primo mese dagli attentati. Oltre alla celebrazione prevista per quella data, Egan sapeva bene che, in quel momento, era suo dovere star vicino al popolo ferito, soprattutto per consolare i familiari delle vittime e dei soccorritori caduti sul campo. Non ci pensò un attimo: nonostante quell'impegno importante in Vaticano, chiese di rientrare negli Stati Uniti e ovviamente Giovanni Paolo II, che partecipava a tutte le nostre riunioni, acconsentì senza alcun problema. A quel punto, il Papa mi nominò al suo posto come relatore: devo ammettere che inizialmente ebbi un po' di paura per quel ruolo, ma poi, grazie a Dio, tutto andò bene.

Lavorai tutti i giorni, fianco a fianco, con il segretario speciale del Sinodo, l'allora vescovo di Oria, monsignor Marcello Semeraro, oggi cardinale: portammo avanti l'Assemblea Generale fino alla fine, senza intoppi. Durante i momenti di pausa si parlava con gli altri fratelli nell'episcopato anche della guerra in Afghanistan, degli attacchi negli Stati Uniti e della necessità che i leader islamici si unissero alla condanna dei gravi attentati che erano stati compiuti utilizzando il nome di Dio. Il silenzio di alcuni fondamentalisti aveva generato, infatti, sentimenti di malessere nei confronti dei nostri fratelli musulmani e questo, purtroppo, andò avanti per molti anni. Pur non condividendoli, lessi e attirarono la mia attenzione anche i commenti della giornalista italiana Oriana Fallaci su questo tema.

Cristiani e musulmani, invece, siamo chiamati a camminare insieme, a dialogare, consapevoli delle differenze culturali o religiose, evitando di guardarci come nemici. Dobbiamo accogliere i nostri fratelli e sorelle di religione islamica come compagni di cammino, dobbiamo collaborare insieme per un mondo più giusto ed equo, riconoscendo i diritti e le libertà fondamentali, soprattutto quella religiosa, trasformandoci in costruttori di civiltà. C'è chi soffia sull'odio, chi incita alla violenza; noi invece dobbiamo rispondere con l'amore e con l'istruzione, educando le giovani generazioni al bene, così che trasformino l'aria inquinata dell'odio in ossigeno della fraternità.

Nel 2019 negli Emirati Arabi Uniti ho firmato, a tal proposito, insieme a mio fratello, il grande Imam di Al-Azhar, Ahmad al-Tayyib, il *Documento sulla Fratellanza Umana per la pace mondiale e la convivenza comune*: in uno dei passaggi che abbiamo sottoscritto, sottolineiamo che, partendo dalla nostra responsabilità religiosa e morale, «chiediamo a noi stessi e ai leader del mondo, agli artefici della politica internazionale e dell'economia mondiale, di impegnarsi seriamente per diffondere la cultura della tolleranza, della convivenza e della pace; di intervenire, quanto prima possibile, per fermare lo spargimento di sangue innocente e di porre fine alle guerre, ai conflitti, al degrado ambientale e al declino culturale e morale che il mondo attualmente vive». Volemmo rivolgere un accorato appello perché si riscoprissero i valori della pace, della giustizia, del bene e della fratellanza umana, per confermare l'importanza di tali valori come àncora di salvezza per tutti e cercare di diffonderli ovunque.

C'è un grande bisogno di fratellanza affinché si superino i sospetti verso chi è diverso da noi e si fermino le persecuzioni dei fanatici verso tanti cristiani nel mondo, costretti a fuggire dalle loro terre. Sono uomini e donne che, come le prime comunità cristiane, scappano e custodiscono la loro fede come un tesoro che dà senso alla loro vita. Dopo l'11 settembre abbiamo imparato a conoscere un mondo diverso, dove talvolta ha prevalso la paura e dove l'orrore delle persecuzioni è continuato per mano dei terroristi: li abbiamo visti mentre sgozzavano innocenti cristiani nel silenzio complice di alcuni, soprattutto di quelle nazioni che avrebbero potuto fermarli e non l'hanno fatto.

Ma la storia della Chiesa è da sempre scandita da fatti come questi: la persecuzione è cominciata contro Gesù e continua ancora oggi con i nuovi martiri che testimoniano il Vangelo. A questi fratelli e sorelle, martiri dei nostri giorni, che sono molti di più di quelli dei primi tempi, voglio dire con forza: non abbiate paura di testimoniare con amore il Signore attraverso i vostri gesti, non lasciatevi spaventare da chi cerca di spegnere la forza evangelizzatrice con l'arroganza e con la violenza. Potranno uccidere il corpo, ma non avranno alcun potere sull'anima.

Tornando al Sinodo che si era aperto a nemmeno un mese dagli attentati terroristici negli Stati Uniti, era chiaro in ognuno di noi, vescovi e cardinali, che di lì a poco sarebbe avvenuta una rivoluzione geopolitica: gli equilibri mondiali sarebbero mutati nuovamente di fronte alle minacce e agli attacchi sferrati in nome di una *guerra santa*. La regia era di alcuni gruppi terroristici formati da fanatici religiosi e in quel contesto la Chiesa, più che mai, era chiamata ad agire per promuovere la pace e il dialogo tra le religioni.

Le nostre discussioni sul tema rimasero aperte. Rientrai in Argentina a fine ottobre per riprendere la mia vita di tutti i giorni: devo confessare che cercavo di stare il meno possibile lontano dal mio gregge, lasciavo Buenos Aires soltanto se c'era qualche impegno fondamentale e improrogabile. Dopotutto, la mia missione era di stare accanto al popolo e vegliare su di esso.

Di lì a qualche mese, nel dicembre del 2001, l'Argentina sarebbe stata sconvolta da una grave crisi economica che portò il Paese sull'orlo del collasso, con disordini sociali e grande incertezza politica.

Era solo un primo campanello d'allarme di ciò che avrebbe vissuto il mondo negli anni a venire, con la grande recessione che cambiò per sempre la vita di milioni di persone.

XI

LA GRANDE RECESSIONE ECONOMICA

La cattedrale di Buenos Aires è immersa nel silenzio, sul pavimento in mosaici veneziani si sentono soltanto pochi passi. Sono quelli di María Paz, arrivata infreddolita dopo un tragitto a piedi di circa mezz'ora da Plaza Constitución, dove vive ormai da alcuni anni insieme al marito, Marcelo. Nelle notti di pioggia, in questo settembre del 2008, i due trovano riparo sotto le pensiline della stazione dei bus, ma devono difendersi non soltanto dall'acqua: al calar della sera la piazza diventa ostaggio di spacciatori e sfruttatori senza scrupoli e la loro vita è in perenne pericolo.

Durante il giorno, Marcelo va a rovistare nelle pattumiere della città in cerca di carta e cartone da rivendere per ra-

cimolare qualcosa: è uno dei tanti cartoneros figli della crisi economica che ha travolto l'Argentina nel dicembre del 2001. María Paz, invece, trascorre le sue giornate cercando qualche lavoretto improvvisato qua e là, quasi sempre senza successo. Come tutte le mattine si è svegliata al sorgere del sole, con il rumore dei primi autobus in partenza, avvolta in una coperta ormai usurata che non è riuscita a proteggerla dai morsi del freddo invernale. Ha lavato il viso in una fontanella e ha deciso di raggiungere la cattedrale; gira voce, infatti, tra molti senzatetto, che la mattina presto è possibile incontrare il cardinale Bergoglio che si mette a disposizione dei fedeli per le confessioni, come un qualunque prete.

Lei lo ha incontrato di persona soltanto una volta, il 1° luglio scorso, quando con Marcelo sono andati nella parrocchia di Nuestra Señora Madre de los Emigrantes, nel barrio di La Boca, dove il cardinale ha celebrato una Messa organizzata con il Movimiento de Trabajadores Excluidos – Movimento dei lavoratori esclusi – un'organizzazione popolare che raduna cartoneros, prostitute, migranti irregolari, vittime di tratta degli esseri umani, senzatetto e altre persone che vivono ai margini della società.

Il volto della donna è segnato dal passare del tempo, i capelli sono ingrigiti, le mani sono rosse, rattrappite dal fred-

do: all'interno della cattedrale trova conforto nella fiamma di una candela accesa davanti alla statua di Nuestra Señora de Bonaria. Si siede su una delle panche, che sono già state lucidate così come gli antichi confessionali in legno risalenti al XVIII secolo. Uno di questi è occupato da un sacerdote con la stola sulle spalle, pronto a confessare chi ne abbia bisogno.

María Paz non ha grossi peccati da confessare, cerca soltanto l'ascolto di un padre che possa offrirle qualche parola di conforto.

«Coraggio, non ti mangio mica, eh?» La voce proviene dal confessionale ed è proprio quella del cardinale Bergoglio. Di fronte alla titubanza della donna, emozionata e intimidita, il porporato esce dalla porticina centrale e si siede su una panca vicina, facendole cenno di avvicinarsi.

I due iniziano a parlare e rimangono lì per più di mezz'ora. È principalmente María Paz a raccontare della propria vita, di suo marito Marcelo e di come la crisi del 2001 abbia distrutto la loro esistenza.

«Proprio stamattina» le dice l'arcivescovo sottovoce, «sentivo che sta succedendo anche negli Stati Uniti. La crisi economica prima o poi tocca tutti... Ma voi siete stati bravi a rimanere uniti nonostante i problemi, questo è da veri cristiani! Vi siete dati forza a vicenda. Vieni con me, ti of-

fro qualcosa di caldo, ne hai bisogno» aggiunge il cardinale, mettendole tra le mani dei soldi che ha tirato fuori dalla tasca dei pantaloni.

La donna è spiazzata, non sa se piangere, se ridere, se abbracciarlo: istintivamente si inginocchia e gli bacia la mano. Il gesuita la fa rialzare e, dopo averle offerto un tè con dei biscotti, si congeda per raggiungere l'ufficio in Curia.

«Eminenza, dobbiamo preoccuparci?» gli chiede un collaboratore, Gustavo, incrociandolo all'ingresso del palazzo arcivescovile. «Ho letto su internet che in America è fallita una banca e che si sta aprendo una crisi...»

*Il calendario è sulla pagina del 15 settembre. Proprio quella mattina, poco prima dell'alba, una delle più importanti banche d'investimento americane, la Lehman Brothers, ha dichiarato bancarotta: è stata affondata dai mutui sub*prime*, prestiti concessi con fini speculativi a cittadini che in realtà non avevano risorse e garanzie per ripagarli. Il grande business messo in piedi dalla banca si rivela un boomerang: la Lehman, che su quei mutui aveva lucrato in modo spietato, diventa vittima di speculazioni finanziarie. I conti dell'istituto sprofondano, la Federal Reserve e il segretario al Tesoro cercano, tra le figure più in vista di Wall Street, un compratore che però, all'ultimo momento, si tira indietro.*

Non c'è alternativa al default: venticinquemila dipendenti del colosso bancario vengono licenziati, le borse statunitensi crollano e contagiano anche quelle sudamericane, europee e asiatiche. File interminabili di persone nel panico davanti ai bancomat tentano di ritirare i propri risparmi, la bolla del mercato immobiliare americano è scoppiata e innesca una crisi che porterà alla grande recessione.

In effetti in tutto il mondo c'era stata una reazione a catena che negli anni ha prodotto nuove disuguaglianze e nuove povertà soprattutto nei Paesi più industrializzati. Ricordo ancora i volti sconsolati dei dipendenti di quella banca americana, uomini e donne che portavano via dall'edificio, con degli scatoloni, le loro ultime cose. Pregai perché il Signore potesse consolarli, così come pregai per tutta quella gente che da un momento all'altro aveva perso tutto: i risparmi di una vita, il sogno di una casa, tutto andato in fumo in pochi secondi.

Chi aveva visitato New York in quel periodo mi raccontava di code lunghissime davanti alle mense dei poveri: la disoccupazione aveva raggiunto livelli mai visti prima e in fila per un pezzo di pane e un piatto caldo, adesso, c'erano anche ex manager o ex amministratori delegati di aziende che fino a qualche giorno prima avevano speculato sulla vita altrui. L'ascensore sociale, che in passato aveva permesso a tanti di uscire da una situazione di disperazione, era andato totalmente fuori uso in tutto il mondo e ancora oggi rimane per molti soltanto un miraggio. L'attuale sistema economico è insostenibile: l'ho detto più volte che questa economia uccide, non possiamo perdere altro tempo!

Viviamo in un momento in cui c'è l'urgenza di ripensare il modello economico e di ripensare noi stessi, provando a guardare tutto con gli occhi dei poveri e degli *scartati*, pensando a come combattere l'aumento delle disuguaglianze e a come superare l'indifferenza verso queste persone che sono nostri fratelli e sorelle. Per sperare nel futuro, insieme ai giovani, dobbiamo elaborare un modello economico diverso, basato sull'equità e sulla fraternità; un modello economico che faccia vivere le persone anziché ucciderle, che non punti a speculare sulle loro vite, ma che le metta in primo piano; un'economia che sia inclusiva, che umanizzi, che si prenda cura del creato e che non lo depredi.

Nella mia enciclica *Fratelli tutti* ho affermato, a tal proposito, che «il diritto di alcuni alla libertà di impresa o di mercato non può stare al di sopra dei diritti dei popoli e della dignità dei poveri [...]. Il mercato da solo non risolve tutto, benché a volte vogliano farci credere questo dogma di fede neoliberale». Voglio chiarire che non sono parole di condanna verso il mercato, ma parole che cercano di evidenziare i rischi e le derive che il sistema ha prodotto e produce: pensiamo, per esempio, alla penetrazione del mercato anche in alcuni ambiti dove la gestione dei beni era sempre stata fatta in modo comune.

Nella prospettiva di un'etica amica dell'uomo e dell'ambiente, la sfida sarà quella di *civilizzare il mercato* chiedendogli di porsi al servizio dello sviluppo umano integrale e non soltanto di essere efficiente nella produzione di ricchezza. Dobbiamo essere uniti, tutti e tutte, per combattere l'aumento sistemico delle disuguaglianze e dello sfruttamento del pianeta, che sono alcune delle cause che aumentano il divario con le periferie, figlie di un sistema che ha come fine soltanto il profitto. Al contrario, occorre accettare strutturalmente «che i poveri hanno la dignità sufficiente per sedersi ai nostri incontri, per partecipare alle nostre discussioni e portare il pane alle loro case. E questo è molto più che assistenzialismo: stiamo parlando di una conversione e trasformazione delle nostre priorità e del posto dell'altro nelle nostre politiche e nell'ordine sociale», come ho detto ai membri del movimento internazionale *The Economy of Francesco*, che raduna giovani economisti, imprenditori e attivisti impegnati in un dialogo inclusivo per una nuova economia.

Lo scoppio della crisi economica negli Stati Uniti mi colpì particolarmente perché avevo visto da vicino gli effetti che una situazione del genere può produrre: nel dicembre del 2001 l'Argentina era piombata in questo incubo, le banche erano al collasso, i conti correnti erano stati congelati dal governo e tante attività commerciali erano fallite. La quasi maggioranza degli argentini era finita in povertà.

Poco prima del Natale 2001 aprimmo nella sede della Caritas un "tavolo del dialogo argentino" per mettere in contatto i leader civili e religiosi del Paese e trovare tutti insieme una soluzione per il bene del popolo. Ero lì come presidente della Conferenza episcopale argentina e arcivescovo di Buenos Aires, ma partecipò anche il presidente Fernando de la Rúa, che venne contestato dai manifestanti radunati in Plaza de Mayo. Dopo che decretò lo stato d'assedio, milioni di persone scesero in strada con delle pentole in mano, battendole e chiedendo le dimissioni del governo. La Casa Rosada, sede della presidenza, fu presa di mira e il presidente fuggì in elicottero, dimettendosi nelle ore successive.

Noi come Chiesa, intanto, nei mesi seguenti ci eravamo subito mossi per metterci al servizio; dovevamo essere una sorta di "ospedale da campo" per i bisognosi: le parrocchie rimasero aperte giorno e notte per offrire ospitalità a chi era rimasto senza casa, chiedemmo ai fedeli che ne avevano possibilità di portare a Messa o direttamente alla Caritas generi di prima necessità per gli indigenti, aprimmo dei centri medici per distribuire gratuitamente i farmaci e piazzammo dei forni a gas sotto i ponti per cuocere il pane e distribuirlo. Furono costruite anche delle strutture per accogliere i senzatetto e vennero avviati nuovi progetti sociali per dare un futuro a chi aveva perso tutto. I volontari dovevano avere un unico obiettivo: mettere al primo posto la persona umana e, soprattutto, saper ascoltare i suoi bisogni.

Ho voluto sottolineare il concetto dell'ascolto, perché tante crisi, come quella iniziata nel settembre del 2008, sarebbero certamente state evitate se i grandi, in molte occasioni, anziché pensare ai propri profitti e al dio denaro avessero ascoltato, almeno una volta, la voce dei piccoli. Parlai dell'importanza dell'ascolto – anche in relazione a questi temi – qualche settimana dopo, a ottobre, in occasione di un pellegrinaggio molto sentito in Argentina.

Plaza Belgrano, antistante il santuario di Nuestra Señora de Luján, è affollata da una moltitudine di giovani: sono almeno un milione e hanno camminato a piedi oltre quindici ore per compiere il trentaquattresimo pellegrinaggio dedicato alla patrona del Paese. Sono partiti il 4 ottobre a mezzogiorno dal santuario di San Cayetano, nel barrio porteño *di Liniers, portando in processione la* imagen cabecera, *una piccola copia della statua originale della Madonna. Lun-*

go il tragitto, tra canti religiosi e preghiere, i volontari hanno dato assistenza e sostegno a chi ne ha avuto bisogno; in tanti hanno fatto invece un momento di pausa davanti alle bancarelle, presenti per tutto il percorso, che vendono frutta, acqua fresca, snack, souvenir e oggetti religiosi, soprattutto coroncine del Rosario. C'è chi partecipa per chiedere un miracolo alla Vergine e chi per semplice devozione; qualcuno chiede invece la grazia di trovare un lavoro o di riuscire a comprare casa, dopo aver perso tutto a causa della crisi economica. C'è anche chi cerca l'amore e si affida alla Madonna, così come chi spera nella promozione alla fine dell'anno scolastico, un prodigio che potrebbe essere troppo impegnativo persino per Luján.

Dopo una faticosa marcia di sessanta chilometri, tutti i pellegrini sono finalmente arrivati a destinazione: l'orologio segna le sei e quarantacinque del mattino seguente, domenica 5 ottobre 2008. La statua originale della Madonna, avvolta in un lungo mantello azzurro, attende i fedeli davanti al santuario per uno dei momenti più emozionanti del pellegrinaggio: l'incontro tra le due statue e l'atto di devozione di tutti i presenti.

C'è anche il cardinale Bergoglio che, come ogni anno, celebra la Messa solenne in piazza, insieme ad altri vescovi e sa-

cerdoti. Anche lui, infatti, è devoto alla Vergine di Luján. Il tema del pellegrinaggio quest'anno è Madre, enséñanos a escuchar – Madre, insegnaci ad ascoltare – e nell'omelia il porporato gesuita invita i fedeli alla riflessione, donando parole di speranza: «Quanti problemi si risolverebbero nella vita se imparassimo ad ascoltare, se imparassimo ad ascoltare noi stessi. Perché ascoltare l'altro è fermarsi un po' nella sua vita, nel suo cuore e non passare oltre, come se non ci interessasse. E la vita ci sta abituando a passare oltre, a non interessarci della vita dell'altro, di quello che l'altro vuole dirmi o rispondendogli prima che finisca di parlare. Se negli ambienti in cui viviamo imparassimo ad ascoltare... come cambierebbero le cose; come cambierebbero le cose in famiglia se marito, moglie, genitori, figli, fratelli imparassero ad ascoltarsi... ma tendiamo a rispondere prima di sapere ciò che vuole dirci la persona. Abbiamo paura di ascoltare? Quante cose cambierebbero sul lavoro se ci ascoltassimo. Quante cose cambierebbero nel quartiere. Quante cose cambierebbero nella nostra patria se imparassimo come popolo ad ascoltarci. Madre, ti chiediamo di insegnarci a stare zitti per poter accogliere coloro che hanno bisogno di raccontarci la loro vita, spesso piena di dolore...».

Dalla piazza si leva un lungo applauso, tra la folla ci sono anche tanti cartoneros, tanti abitanti delle villas mise-

rias accompagnati dai loro preti, c'è gente a cui rimangono soltanto le lacrime dopo aver visto fallire il proprio esercizio commerciale; la crisi economica globale ha cambiato la vita anche di molti argentini, ma, per fortuna, non ha toccato in profondità le già provate corde finanziarie del Paese: è vero che la Borsa ha subìto un duro contraccolpo, scatenando momenti di isteria nell'alta finanza, sono calati i prezzi delle esportazioni di prodotti come l'olio di semi di soia, il grano, il pellet, il petrolio, il peso si è svalutato del dieci per cento rispetto al dollaro, ma gli effetti, grazie soprattutto all'assenza di capitale straniero nel Paese, non sono stati disastrosi come in altre aree del mondo.

Il colpo più duro, in effetti, lo avevamo già avuto nel 2001. Quando poi ci fu la grande crisi delle banche americane, in Argentina a esser travolti furono soltanto alcuni settori mentre altri, che erano già stati scarnificati dalla precedente crisi, non furono per fortuna toccati. Ricordo le parole di Papa Benedetto XVI che, commentando il default della Lehman Brothers e la conseguente grande recessione, disse che il crollo dei grandi istituti di credito americani evidenziava quello che era l'errore di fondo: il vero Dio ancora una volta era stato oscurato da avarizia e idolatria, venendo falsificato in *mammona*, la ricchezza terrena idolatrata ed esaltata.

Ciò che stava accadendo negli Stati Uniti, e che avrebbe poi toccato le grandi economie mondiali, era causato proprio dalla mentalità malata di coloro che provavano, e ancora oggi provano, a spolpare fino all'osso le persone più deboli, cercando di far soldi con i soldi. Non hanno ancora capito che, per il bene dell'umanità, al centro di tutto dev'esserci il lavoro, l'unico vero motore in grado di far girare l'economia e conferire dignità all'uomo. Se al centro si mette invece un idolo, il denaro, allora il sistema non sarà più in grado di creare nuovi impieghi facendo aumentare i livelli di disoccupazione e rubando così il futuro a milioni di persone.

Dove non c'è lavoro, mi dispiace dirlo, non c'è dignità, considerando che oggi diventa sempre più difficile per un giovane trovare un'occupazione stabile, con un salario dignitoso che permetta di pagare affitti sempre più cari e mutui alle stelle che spesso ricadono sulle spalle dei genitori. Quando questi costi gravano sui giovani stessi, la situazione può diventare ancora più grave. Ciò è drammatico, è uno degli effetti di questa economia malata, e voglio ribadire che è proprio su questi temi che la politica dovrebbe agire, perché senza degli interventi correttivi il mercato libero diventa selvaggio e produce sempre più disuguaglianza. Peraltro, domandiamoci: se i giovani non trovano lavoro e rimangono disoccupati, chi pagherà le pensioni di chi ha lavorato per tutta la vita?

Ricordo che anche ai pellegrinaggi a Luján c'erano tanti ragazzi e ragazze che chiedevano alla Madonna la grazia di trovare un impiego, anche piccolo, purché dignitoso. È offensivo vedere invece chi, di fronte a una buona e onesta offerta di occupazione, inizia a fare i capricci; come si fa a non capire che là fuori c'è la fila? Gente che aspetta di avere anche la metà dello stipendio proposto.

Quante preghiere ho sentito davanti alla Vergine miracolosa, quante richieste di grazia per uscire dalla crisi e da un periodo di disoccupazione! Durante quei raduni si respirava un'aria buona, lo Spirito Santo era lì in mezzo a noi; ricordo questo fiume di persone che arrivavano all'interno del santuario per essere confessate. Io mi mettevo sempre a disposizione come tutti gli altri sacerdoti e confessavo dalle sei del pomeriggio del sabato fino alle dieci e un quarto della sera. Poi mi allontanavo per mangiare un panino o una fetta di pizza e cercavo di dormire un po', puntando la sveglia all'una del mattino della domenica. A quel punto tornavo in santuario e ricominciavo a confessare fino alle sei o sei e mezza. Alle sette in punto poi iniziava la santa Messa con tutti i pellegrini che nel frattempo erano arrivati da Buenos Aires.

È stato durante uno di questi pellegrinaggi che ho conosciuto don Ángel Fernández Artime, diventato poi Rettor Maggiore dei Salesiani e che ho creato cardinale nel concistoro del settembre 2023. All'epoca lui era il provinciale argentino della Congregazione di don Bosco; quando me lo presentarono, mi disse che arrivava dalla Spagna: da allora l'ho sempre chiamato *gallego*, galiziano, un modo scherzoso e affettuoso che utilizziamo noi argentini per soprannominare tutti gli spagnoli, anche se non sono originari della Galizia!

Tornando alle confessioni, posso testimoniare che tanti penitenti dopo esser stati a Luján hanno trovato le risposte che cercavano, venivano da me in confessione e, con il sorriso sulle labbra, mi dicevano che finalmente sapevano come affrontare quella situazione che li attanagliava, assicurandomi che era stata la Madonna a ispirarli.

Una volta, di notte, si presentò da me in confessione un giovane che avrà avuto appena venticinque o ventisei anni: alto, robusto, con le braccia tatuate, gli orecchini e i capelli lunghi. Penso non avesse più il padre. Mi disse: «Sono venuto qui perché ho un grosso problema; dopo tanta titubanza ne ho parlato con mia madre e lei mi ha detto: "Vai in pellegrinaggio a Luján e vedrai che la Madonna ti darà la risposta". Io ero dubbioso, ma poi l'ho ascoltata e sono venuto fin qui a piedi». Gli chiesi dunque se avesse già pregato davanti alla Vergine e se avesse trovato le risposte che cercava. Mi rispose con un sorriso: «L'ho vista e adesso so che cosa fare...». Allora gli feci una battuta: «Vedi, a questo punto forse io sono di troppo!». Scoppiammo a ridere, lo abbracciai e tornò alla sua vita.

C'era pure chi durante l'anno andava al santuario a chiedere un miracolo: anche in questo caso sono testimone oculare e posso raccontare la storia di un uomo, un operaio, che aveva una bimba di quasi dieci anni molto ammalata; era stata colpita da un'infezione e il medico aveva detto che la piccola non avrebbe superato la notte. In lacrime, l'uomo lasciò la moglie con la figlia in ospedale, prese il treno e raggiunse il santuario di Luján. Arrivò verso le dieci di sera, le porte erano già chiuse, ma lui nella disperazione rimase tutta la notte fuori dal cancello a pregare, combattendo per la salute della sua piccola. Alle sei del mattino, quando le porte vennero aperte, entrò subito e si precipitò a pregare davanti alla statua della Madonna. Poi se ne tornò di corsa a Buenos Aires. Giunto in ospedale non trovò più né la moglie né la figlia. Era disperato più di prima, pensava che fosse davvero successo qualcosa di grave, ma arrivò presto la notizia dalla sua sposa: «I medici dicono che la bambina è guarita, è accaduto qualcosa di inspiegabile». Potete immaginare la gioia di quei genitori che avevano avuto un miracolo. Merito di quella lotta notturna che l'uomo aveva fatto attaccato alle grate del santuario, pregando la Vergine di Luján. Il Signore aveva ascoltato le sue preghiere ed era rimasto al suo fianco, a vegliare su di lui e sulla bambina.

C'è tanto bisogno di una fede di questo tipo nel mondo: è un dono riceverla, perché è una fede talmente forte che spinge l'essere umano a combattere per ottenere qualcosa. Raramente, nei luoghi che ho visitato, ho trovato una devozione così potente, frutto di quella pietà popolare che tocca in modo particolare l'America Latina e che nasce da un incontro tra la cultura originaria del posto e la fede cristiana. Anche questo è un dono del Signore in un mondo ormai secolarizzato: è il Dio vivente che agisce nella storia!

Mi accadde a Luján, ma lo avevo constatato l'anno prima, nel maggio 2007, anche ad Aparecida, in Brasile, uno dei più grandi santuari mariani al mondo, che ogni anno richiama più di dieci o undici milioni di pellegrini da tutto il pianeta. Lì partecipai alla quinta Conferenza Generale dell'Episcopato Latinoamericano e dei Caraibi e presiedetti la commissione per la redazione del documento finale. Fu davvero un momento di grazia: lavoravo a stretto contatto con don Víctor Manuel Fernández, che in quegli anni insegnava all'Università cattolica argentina. Nell'estate del 2023 l'ho nominato prefetto del Dicastero per la dottrina della fede e nel settembre dello stesso anno l'ho creato cardinale; alcune volte stavamo sui documenti fino alle tre del mattino e durante le nostre riunioni venivamo accompagnati dai canti e dalle preghiere dei pellegrini che raggiungevano il santuario. Li sentivamo dalle finestre della nostra stanza. Accogliemmo tutti i suggerimenti e le suggestioni arrivate dal basso, dal popolo di Dio: posso dire che lì era lo Spirito Santo a lavorare!

I pilastri del documento finale sono tre: l'accoglienza di tutto ciò che arriva dal popolo; l'essere una Chiesa missionaria *in uscita*, che va incontro alle persone, alle comunità, per condividere il dono dell'incontro con il Cristo Salvatore; e la pietà popolare che ci permette di continuare a trasmettere la fede in modo semplice e genuino. Ricordo ancora come fosse ieri il discorso che Benedetto XVI pronunciò all'apertura dei lavori, il 13 maggio 2007, durante il quale si domandava: «Come può la Chiesa contribuire alla soluzione degli urgenti problemi sociali e politici, e rispondere alla grande sfida della povertà e della miseria? [...] Tanto il capitalismo quanto il marxismo promisero di trovare la strada per la creazione di strutture giuste ed affermarono che queste, una volta stabilite, avrebbero funzionato da sole; affermarono che non solo non avrebbero avuto bisogno di una precedente moralità individuale, ma che esse avrebbero promosso la moralità comune. E questa promessa ideologica si è dimostrata falsa. I fatti lo hanno evidenziato. Il sistema marxista, dove è andato al governo, non ha lasciato solo una triste eredità di distruzioni economiche ed ecologiche, ma anche una dolorosa oppressione delle anime. E la stessa cosa vediamo anche all'Ovest, dove cresce costantemente la distanza tra poveri e ricchi e si produce un'inquietante degradazione della dignità personale con la droga, l'alcool e gli ingannevoli miraggi di felicità. [...] Dove Dio è assente – Dio dal volto umano di Gesù Cristo – questi valori non si mostrano con tutta la loro forza, né si produce un consenso su di essi. Non voglio dire che i non credenti non possano vivere una moralità elevata ed esemplare; dico solamente che una società nella quale Dio è assente non trova il consenso necessario sui valori morali e la forza per vivere secondo il modello di questi valori, anche contro i propri interessi».

Parole profetiche che ci accompagnarono lungo tutto il processo di stesura del documento e che avemmo modo di commentare soprattutto quando ci confrontammo sui vari problemi sociali e sulla lotta alla povertà generata dalle crisi. Eravamo davvero grati al Papa per quel suo discorso; personalmente lo rilessi molte volte, così come il documento di Aparecida che rimane tutt'oggi molto attuale.

Anche per questo fu davvero uno shock scoprire, l'11 febbraio 2013, che Benedetto XVI aveva deciso di rinunciare al pontificato.

XII

LE DIMISSIONI DI BENEDETTO XVI

Il suono insistente dell'apparecchio telefonico echeggia nelle stanze dell'arcivescovado. Sono le otto del mattino e chi telefona sa bene che a quell'ora il cardinale Bergoglio è già al lavoro. Dopo aver celebrato Messa, però, padre Jorge anziché scendere direttamente in ufficio, come fa sempre, ha fatto un veloce salto a Canal 21, l'emittente televisiva dell'arcidiocesi, fondata nel 2004. Il canale trasmette ogni sabato un programma intitolato Biblia, diálogo vigente *– Bibbia, dialogo attuale – una tavola rotonda di quasi un'ora condotta dal pastore protestante Marcelo Figueroa, biblista e giornalista, in conversazione con il cardinale Bergoglio e con Abraham Skorka, rabbino della comunità ebraica Benei Tikva e rettore* *del Seminario rabbinico latinoamericano. I tre interlocutori, amici da molti anni, attraverso un dialogo interreligioso ed ecumenico, testi sacri alla mano, in ogni puntata affrontano diversi temi come la pace, la giustizia, la fede, la solitudine, la felicità, l'inclusione...*

Il programma è diventato un appuntamento fisso per i telespettatori cattolici, nonostante sia nato quasi per caso e senza troppe aspettative. Era stato Figueroa, nel 2011, a proporre a Bergoglio di dedicare uno spazio televisivo al dialogo ecumenico, e il porporato, dopo averci pensato su, aveva accettato di fare quattro puntate di prova, convinto che la tv potesse essere un buon mezzo per evangelizzare. Dopo le prime quattro puntate, padre Jorge aveva confermato il programma, che aveva iniziato a concentrarsi anche sul dialogo interreligioso: Figueroa, Skorka e Bergoglio si incontravano in sinagoga a colazione e discutevano sui temi da trattare, mentre la loro amicizia cresceva di giorno in giorno.

«Ecco il buongiorno dell'editore» dice scherzando Julio, il direttore generale della tv, che, come succede quasi tutti i giorni, accoglie il settantaseienne cardinale gesuita. I due si conoscono da metà anni Novanta, da quando l'arcivescovo Quarracino aveva nominato Julio direttore della radio diocesana. In veste di coordinatore dell'emittente radiofonica

aveva quindi conosciuto anche il vescovo ausiliare Bergoglio e da allora sono rimasti sempre in contatto.

È la mattina dell'11 febbraio 2013, il porporato ha raggiunto la sede di Canal 21 principalmente per un saluto a quei suoi collaboratori, ma anche per fare un piccolo punto della situazione sugli episodi da trasmettere e registrare. Coglie anche l'occasione per ritirare alcuni dvd che il direttore gli ha regalato; ogni tanto infatti il cardinale, non avendo in casa un televisore, chiede il permesso alla direzione di Canal 21 di poter guardare lì qualche pellicola che gli interessa.

«Eminenza, sono convinto che questi film le piaceranno...» dice con sicurezza Julio, porgendogli i dvd ancora confezionati.

«Sai che verrò qui a vederli, no? Il lettore che mi hai regalato è troppo complicato da utilizzare...» risponde scherzando padre Jorge, mentre esce dall'ufficio.

«La porta qui è sempre aperta» dice Julio accompagnandolo verso l'uscita.

«Sarà aperta anche tra qualche mese, quando andrò in pensione? Te lo ricordi che ho presentato le dimissioni, vero?» lo saluta ridendo il gesuita, mentre si avvia verso l'arcivescovado con la sua borsa nera.

Otilia, la segretaria del cardinale, è alla scrivania e ha già fumato quattro sigarette. Ha stampato alcune lettere che sono arrivate nella casella di posta elettronica e adesso sta mettendo ordine nella lista di persone che il porporato vedrà nel corso della mattinata. Per le sei del pomeriggio, essendo anche il giorno della memoria liturgica della Madonna di Lourdes, è prevista una celebrazione all'aperto, davanti alla parrocchia a lei intitolata, nel barrio di Flores, il quartiere natale di Bergoglio.

Nell'ufficio dell'arcivescovo il telefono, intanto, sta continuando a squillare.

«Pronto?» risponde il porporato.

«Eminenza, sono Gerry, la chiamo da Roma, spero di non disturbare: si è dimesso il Papa...»

Rimasi per qualche secondo paralizzato, quasi non credevo a ciò che il mio interlocutore mi stava dicendo al telefono. Era una notizia che mai avrei immaginato di sentire nella mia vita: la rinuncia di un Papa era, infatti, qualcosa di inimmaginabile fino ad allora, nonostante sia prevista dal codice di diritto canonico. Tra me e me, nei primi momenti, dissi: "Avrò capito male, non è possibile". Poi, però, compresi: sicuramente Benedetto aveva meditato e pregato a lungo prima di prendere quella storica e coraggiosa decisione. Evidentemente aveva capito, di fronte alle forze che lo stavano abbandonando, che nella Chiesa l'unico insostituibile è lo Spirito Santo e che l'unico Signore è Gesù Cristo. Per questo è stato un grande Papa, umile e sincero, che ha amato la Chiesa fino alla fine.

A telefonarmi quella mattina fu Gerry O'Connell, un amico giornalista che conosco da tanti anni. Disse solo quelle parole, «si è dimesso il Papa», poi riattaccò perché era pieno di lavoro, con la promessa che mi avrebbe richiamato. Due o tre ore più tardi mi telefonò nuovamente e mi spiegò tutto per bene, dicendomi che le dimissioni avrebbero avuto effetto dal 28 febbraio sera, alle otto, e che certamente il conclave si sarebbe svolto subito dopo il 10 marzo.

Mi chiamò anche nei giorni successivi, informandomi che Benedetto XVI proprio la mattina del 28 febbraio si sarebbe congedato dal Collegio cardinalizio e che quindi tutti i cardinali sarebbero stati convocati a Roma per l'incontro. Dalle ore venti di quello stesso giorno sarebbe iniziato il periodo di *Sede Vacante*.

Devo ammettere che io cercavo di andare il meno possibile in Vaticano: preferivo sinceramente rimanere tra la mia gente, anche perché vedere lo sfarzo di quei palazzi non mi metteva molto a mio agio. Per questo, prima di sapere di quell'udienza con tutti i cardinali, avevo già comprato il biglietto aereo di andata che mi avrebbe portato a Roma pochi giorni prima dell'inizio del conclave, mentre quello di ritorno per Buenos Aires era fissato per il 23 marzo, il sabato che precedeva la Domenica delle Palme: ero convinto che nessun Papa avrebbe preso possesso durante la Settimana Santa e che quindi avrei fatto in tempo a rientrare a casa per le festività pasquali. Volevo, insomma, rimanere in Vaticano soltanto il tempo necessario: avevo la testa rivolta alle celebrazioni di Pasqua in Argentina e, soprattutto, alle omelie da preparare per la Settimana Santa!

Apprendendo però da Gerry dell'incontro di Benedetto con il Collegio cardinalizio a fine febbraio, mi recai alla biglietteria di Alitalia, a circa quattrocento metri dall'arcivescovado, per cambiare la data del volo e anticiparlo al 25 febbraio. Erano le due del pomeriggio, feci una passeggiata a piedi per arrivare e, preso il numeretto, aspettai il mio turno nella sala d'attesa. Pregavo il Rosario quando, mezz'ora dopo, si avvicinò una persona che non conoscevo.

«Eminenza, cosa fa qui?» Era il direttore della biglietteria.

«Sono venuto a cambiare questo biglietto...» risposi.

«Venga in ufficio da me, glielo faccio io.»

Allora andai con lui e modificammo la data della partenza; poi mi porse centodieci dollari.

«Cosa sono questi?» chiesi.

«Il cambio del biglietto le è favorevole, costa meno di quello che aveva già preso! Tenga, sono suoi.»

Rientrai in episcopio e iniziai a metter mano all'agenda perché avevo tanti appuntamenti da rinviare a quando sarei tornato da Roma. Avevo in programma incontri, celebrazioni e visite da fare in giro per tutta la città. E poi avevo fissato anche delle registrazioni del programma tv. Avvisai gli amici che mi sarei dovuto assentare e informai anche Marcelo e Abraham che sarei mancato per poco tempo, assicurando loro che al mio ritorno, prima di Pasqua, avremmo registrato la puntata dedicata all'amicizia.

Avevo conosciuto Marcelo all'inizio del 2000, quando era segretario generale della Società biblica argentina, mentre avevo incontrato il rabbino Skorka in occasione dei saluti che si facevano due volte l'anno in cattedrale al termine del *Te Deum*, l'antico inno cristiano di ringraziamento che in Argentina s'intona, alla presenza del presidente, durante le celebrazioni del 25 maggio, per la festa della Nazione, e del 31 dicembre, alla fine dell'anno. Abraham ha una mente finissima, ma tifa per il River Plate e questo non depone di certo a suo favore! Su questo tema una volta, nel maggio del 1999, l'ho anche preso in giro; eravamo ai soliti saluti in cattedrale e gli dissi: «Mi sa che quest'anno noi del San Lorenzo mangeremo zuppa di pollo...». La battuta può capirla solo chi conosce il mondo del calcio argentino: quelli del River vengono chiamati *polli* dagli avversari perché spesso hanno perso il campionato alla fine della stagione, pur avendo grandi potenzialità. Quell'anno il San Lorenzo stava facendo una grande scalata allo scudetto e così lo presi un po' in giro, sotto gli occhi del nunzio apostolico che non riusciva a capire!

Prima di partire per Roma salutai anche Julio e i collaboratori di Canal 21 dove avevo l'abitudine di andare a vedere ogni tanto i film in dvd che mi regalavano: ricordo ancora *La vita è bella* di Roberto Benigni, *Il pranzo di Babette* di Gabriel Axel e altri capolavori del cinema. Sulla scrivania del mio ufficio lasciai invece *Habemus Papam* di Nanni Moretti, che avrei visto sicuramente al ritorno, e due omelie: quella per la Domenica delle Palme e quella per la Messa crismale che avrei dovuto pronunciare quella settimana. Ma le cose andarono diversamente!

Il viaggio fu lungo e faticoso, ma arrivato in aeroporto a Fiumicino, al ritiro bagagli, incontrai delle facce amiche: c'era il cardinale Odilo Pedro Scherer, arcivescovo di San Paolo, che la stampa considerava come uno dei papabili, e il cardinale Luis Antonio Tagle, all'epoca arcivescovo di Manila, anch'egli inserito dai giornalisti tra i papabili, che aveva viaggiato insieme al suo connazionale, il cardinale Ricardo Vidal. Eravamo tutti in clergyman tranne Tagle, che viaggiava in polo e jeans. L'indomani mattina lo incontrai nuovamente e gli dissi: «Ieri in aeroporto ho visto un ragazzo che le somigliava!» e abbiamo riso per qualche minuto.

Il 28 mattina quindi mi recai alla Sala Clementina per prendere congedo da Papa Benedetto: da grande teologo quale era, tenne un discorso molto profondo che mi rimase impresso anche perché citò in due occasioni Romano Guardini, che avevo studiato a lungo per la mia tesi di dottorato. Disse, citando il teologo: «La Chiesa non è un'istituzione escogitata e costruita a tavolino..., ma una realtà vivente... Essa vive lungo il corso del tempo, in divenire, come ogni essere vivente, trasformandosi... Eppure nella sua natura rimane sempre la stessa, e il suo cuore è Cristo».

Facemmo tutti un lungo applauso. In quell'occasione, Papa Benedetto affermò anche che, già da quel momento, prometteva incondizionata reverenza e obbedienza al nuovo Papa che sarebbe stato eletto in conclave e che era tra di noi. Mi ha invece addolorato vedere, negli anni, come la sua figura di Papa emerito sia stata strumentalizzata con scopi ideologici e politici da gente senza scrupoli che, non avendo accettato la sua rinuncia, ha pensato al proprio tornaconto e al proprio orticello da coltivare, sottovalutando la drammatica possibilità di una frattura dentro la Chiesa.

Per evitare derive di questo tipo nel 2013, subito dopo la mia elezione, quando andai a trovarlo a Castel Gandolfo, decidemmo insieme che sarebbe stato meglio che non vivesse nel nascondimento, come aveva inizialmente ipotizzato, ma che vedesse gente e partecipasse alla vita della Chiesa.

Purtroppo servì a poco, perché le polemiche in dieci anni non sono mancate e hanno fatto male a entrambi. In quell'occasione, passandomi le consegne, mi diede anche una scatola bianca contenente il dossier che era stato redatto da tre cardinali ultraottantenni, Julián Herranz, Jozef Tomko, Salvatore De Giorgi, riguardo alla fuga di documenti riservati che nel 2012 aveva scosso il Vaticano. Benedetto mi illustrò i passi che aveva compiuto, allontanando gente che faceva parte di lobby, intervenendo in casi di corruzione, segnalandomi altre situazioni in cui era necessario prendere provvedimenti e dicendomi chiaramente che il testimone passava a me per occuparmene. E così ho fatto e continuo a fare, seguendo i suoi consigli.

Tornando all'incontro nella Sala Clementina, al termine del suo discorso, come tutti gli altri fratelli cardinali, andai a salutarlo e lo ringraziai per tutto ciò che aveva fatto: fu molto gentile e anche lui mi ringraziò per essere andato all'udienza. Alle venti in punto ebbe inizio il periodo di *Sede Vacante*: la Chiesa non aveva più un Papa. Quella stessa sera il camerlengo, il cardinale Tarcisio Bertone, sigillò l'appartamento e iniziò a occuparsi del disbrigo degli affari correnti insieme al Collegio cardinalizio. Iniziava la fase preparatoria del conclave, con le congregazioni generali che, a partire dal 4 marzo, ci impegnarono tutti i giorni fino alla mattina dell'11 marzo.

L'arrivo in Vaticano dei porporati da tutto il mondo è ripreso dalle telecamere dei media internazionali. Rigorosamente in talare filettata, c'è chi arriva a piedi, soprattutto quelli che hanno trovato un alloggio vicino o che vivono dentro la piccola città-Stato, e c'è chi arriva in auto, in particolare i più anziani o chi risiede a chilometri di distanza. I porporati, prima di raggiungere l'Aula Nuova del Sinodo, dove si tengono le riunioni, si salutano e scambiano due chiacchiere davanti all'ingresso dell'edificio, sotto gli occhi curiosi dei fotografi. Gli americani arrivano tutti in gruppo, con un pulmino; arrivano insieme anche alcuni brasiliani, così come un gruppetto di italiani.

Alcuni si fermano a parlare con i giornalisti, altri schivano le domande e i commenti, trincerandosi dietro il silenzio imposto dalle regole delle congregazioni. Ci sono dei manifestanti che protestano contro la presenza di alcuni porporati, accusati nelle loro diocesi di aver insabbiato casi di abusi – li vorrebbero fuori dal conclave – e ci sono anche i cacciatori di autografi cardinalizi, collezionisti o semplici curiosi che li rivenderanno online a caro prezzo.

Il cardinale Bergoglio, avvolto nel suo cappotto nero, arriva da solo, a piedi, con la borsa in mano e senza lo zucchetto color porpora in testa, attraversando piazza San Pietro. Fedeli e giornalisti non lo riconoscono e questo gli permette di arrivare in perfetto orario, senza ostacoli. Ha camminato circa mezz'ora perché, anche in questa occasione, il gesuita ha preso alloggio alla Casa del Clero di via della Scrofa, a due passi da piazza Navona, e per arrivare a destinazione ha dovuto fare la solita, lunga passeggiata.

È già il 9 marzo e per la IX congregazione del mattino l'arcivescovo di Buenos Aires, che i giornalisti per il conclave del 2005 avevano inserito nella lista dei papabili, ha scritto un breve discorso che pronuncerà davanti a tutto il Collegio cardinalizio, una relazione su come a suo parere dovrebbe essere la Chiesa, lontana dall'autoreferenzialità e dalla mondanità. L'arcivescovo traccia anche un breve identikit del prossimo Papa.

«Ha chiesto di parlare il cardinale Jorge Mario Bergoglio, arcivescovo di Buenos Aires. Prego, eminenza...»

Padre Jorge si alza in piedi, prende gli appunti scritti a mano, in spagnolo, che ha preparato e inizia a leggere, consapevole che il tempo a disposizione è limitato, soltanto tre minuti: allo scadere, il microfono si scollegherà in automatico.

Buongiorno, si è fatto riferimento all'evangelizzazione. È la ragion d'essere della Chiesa. "La dolce e confortante gioia di evangelizzare" (Paolo VI). È lo stesso Gesù Cristo che, da dentro, ci spinge.

1) Evangelizzare implica zelo apostolico. Evangelizzare presuppone nella Chiesa la *parresìa* di uscire da se stessa. La Chiesa è chiamata a uscire da se stessa e ad andare verso le periferie, non solo quelle geografiche, ma anche quelle esistenziali: quelle del mistero del peccato, del dolore, dell'ingiustizia, quelle dell'ignoranza e dell'assenza di fede, quelle del pensiero, quelle di ogni forma di miseria.

2) Quando la Chiesa non esce da se stessa per evangelizzare diviene autoreferenziale e allora si ammala (si pensi alla donna curva su se stessa del Vangelo). I mali che, nel trascorrere del tempo, affliggono le istituzioni ecclesiastiche hanno una radice nell'autoreferenzialità, in una sorta di narcisismo

teologico. Nell'Apocalisse, Gesù dice che Lui sta sulla soglia e chiama. Evidentemente il testo si riferisce al fatto che Lui sta fuori dalla porta e bussa per entrare... Però a volte penso che Gesù bussi da dentro, perché lo lasciamo uscire. La Chiesa autoreferenziale pretende di tenere Gesù Cristo dentro di sé e non lo lascia uscire.

3) La Chiesa, quando è autoreferenziale, senza rendersene conto, crede di avere luce propria; smette di essere il *mysterium lunae* e dà luogo a quel male così grave che è la mondanità spirituale (secondo De Lubac, il male peggiore in cui può incorrere la Chiesa). Quel vivere per darsi gloria gli uni con gli altri. Semplificando, ci sono due immagini di Chiesa: la Chiesa evangelizzatrice che esce da se stessa; quella del *Dei Verbum religiose audiens et fidenter proclamans* (la Parola di Dio che [la Chiesa] religiosamente ascolta e fedelmente proclama, *N.d.R.*) o la Chiesa mondana che vive in sé, da sé, per sé. Questo deve illuminare i possibili cambiamenti e riforme da realizzare per la salvezza delle anime.

4) Pensando al prossimo Papa: un uomo che, attraverso la contemplazione di Gesù Cristo e l'adorazio-

ne di Gesù Cristo, aiuti la Chiesa a uscire da se stessa verso le periferie esistenziali, che la aiuti a essere la madre feconda che vive della "dolce e confortante gioia dell'evangelizzare".

Quel discorso fu la mia condanna! Meno di tre minuti che cambiarono la mia vita. Alla fine della mia relazione ci fu un applauso e poi mi dissero che da quel momento aveva iniziato a circolare il mio nome. Devo ammettere che fino all'ultimo giorno non mi ero reso conto di nulla: come ho già detto prima, avevo la testa alle omelie da ultimare lasciate sulla scrivania a Buenos Aires e non vedevo l'ora di rientrare a casa. Mi riferirono che negli ultimi due giorni, il 12 e il 13 marzo mattina, si era parlato molto di me e, infatti, avevo avuto anche dei voti, ma pensavo che fossero i cosiddetti *voti deposito*, cioè delle preferenze messe lì temporaneamente da chi non aveva ancora identificato il candidato da votare.

Poi il giorno dell'elezione, il 13 marzo, dopo aver trascorso la mattina in Sistina per le votazioni, ho avuto tre segnali molto chiari.

Devo premettere che nei giorni del conclave, per non aver contatti con il mondo esterno, dormivamo tutti alla Domus Santa Marta; rientrati lì per il pranzo, prima di andare a mangiare, salii al quinto piano dove alloggiava il cardinale Jaime Ortega y Alamino, arcivescovo di L'Avana, che mi aveva chiesto una copia di quel discorso tenuto durante le congregazioni generali. Gli portai la trascrizione, scusandomi perché era scritto a mano e informandolo che non avevo fotocopie. E lui mi disse: «Ah, che bello, mi porto a casa un ricordo del nuovo Papa...». E questo fu il primo segnale, ma ancora non capivo.

Presi l'ascensore per ritornare al mio piano, il secondo, ma al quarto si fermò ed entrò il cardinale Francisco Errázuriz, arcivescovo emerito di Santiago del Cile, che conoscevo dai tempi di Aparecida.

«Hai preparato il discorso?» mi chiese.

«Quale discorso?» risposi incuriosito.

«Quello di oggi, che dovrai fare quando ti affaccerai dalla loggia centrale della basilica...» fu la sua risposta.

E quello fu il secondo segnale, ma, anche in questo caso, non capii.

Poi scesi a pranzo, entrai nella sala con il cardinale Leonardo Sandri. Alcuni cardinali europei che erano già dentro mi dissero: «Venga, eminenza, venga qui, ci racconti un po' dell'America Latina...».

Senza farci troppo caso accettai il loro invito, ma mi fecero un vero interrogatorio con tante domande.

Alla fine del pranzo, mentre uscivo, venne da me il cardinale Santos Abril y Castelló, che avevo conosciuto bene quando era stato nunzio apostolico in Argentina. Mi chiese: «Eminenza, scusi per la domanda, ma è vero che a lei manca un polmone?».

«No, non è vero» risposi, «a me manca soltanto il lobo superiore del polmone destro.»

«Quando è successo?» insistette lui.

«Nel 1957, quando avevo ventun anni» gli spiegai.

Lui si fece serio e, con fare alquanto scocciato, affermò: «Queste manovre dell'ultimo momento...».

E quello fu il momento preciso in cui mi resi conto che i cardinali stavano pensando a me come successore di Benedetto XVI.

Il pomeriggio tornammo tutti in conclave; arrivato davanti alla Cappella Sistina trovai il cardinale italiano Gianfranco Ravasi e ci fermammo a parlare perché, per i miei studi, usavo sempre le edizioni dei libri sapienziali curate da lui, in particolare il libro di Giobbe. Rimanemmo lì fuori a confrontarci, facendo avanti e indietro vicino all'ingresso: dopo quello che era successo a pranzo, evidentemente a livello inconscio non volevo entrare, perché temevo che ci sarebbe stata l'elezione. Tanto che, a un certo punto, uscì un cerimoniere pontificio e ci chiese: «Ma voi entrate o no?».

Alla prima votazione fui quasi eletto, e a quel punto si avvicinò il cardinale brasiliano Cláudio Hummes e mi disse: «Non aver paura, eh! Così fa lo Spirito Santo!». E poi, alla terza votazione di quel pomeriggio, al settantasettesimo voto, quando il mio nome raggiunse i due terzi delle preferenze, tutti fecero un lungo applauso. Mentre lo scrutinio continuava, Hummes si avvicinò di nuovo, mi baciò e mi disse quella frase che mi è rimasta sempre nel cuore e nella mente: «Non dimenticarti dei poveri...». E lì ho scelto il nome che avrei avuto da Papa: Francesco. In onore di san Francesco d'Assisi. Lo comunicai ufficialmente al cardinale Giovanni Battista Re: il decano, che era il cardinale Angelo Sodano, e il sottodecano, il cardinale Roger

Etchegaray, erano fuori dal conclave perché ultraottantenni e quindi, essendo il primo cardinale vescovo elettore in ordine di anzianità, Re, così come previsto dalla normativa, svolgeva in Sistina i compiti del decano. Fu lui a pormi le due domande previste dal rito: «Accetti la tua elezione canonica a Sommo Pontefice?» e «Con quale nome vuoi essere chiamato?».

La mia vita era stata ancora una volta stravolta dai piani di Dio. Il Signore era accanto a me, lo sentivo presente, mi anticipava e mi accompagnava in questo nuovo incarico al servizio della Chiesa e dei fedeli, deciso dai cardinali che agivano mossi dallo Spirito Santo.

Quando arrivò il momento di indossare per la prima volta gli abiti da Pontefice, l'allora maestro delle Celebrazioni Liturgiche Pontificie, monsignor Guido Marini, all'interno della cosiddetta "Stanza del pianto" mi spiegò con grande pazienza tutto ciò che andava fatto e mi mostrò la croce pettorale, le scarpe rosse, la talare bianca in tre taglie e altri paramenti papali, tra cui la mozzetta rossa. Gli dissi: «La ringrazio tanto per il suo lavoro, monsignore, ma sono molto affezionato alle mie cose: indosserò solamente la talare bianca e terrò la mia croce pettorale da arcivescovo e le mie scarpe, che sono ortopediche!». Lui, con grande disponibilità, accettò la mia decisione. Poi dissi ai cerimonieri che, dopo l'*Habemus Papam*, desideravo avere accanto a me nella loggia centrale della basilica anche il cardinale Cláudio Hummes e l'allora Vicario per la Diocesi di Roma, il cardinale Agostino Vallini. E fui accontentato.

Non posso nascondere che provai una grande emozione nel vedere tutta quella folla in piazza San Pietro che aspettava di vedere il nuovo Papa. C'erano bandiere da tutto il mondo, preghiere, canti e, nonostante la pioggia, tutti erano rimasti lì ad aspettare. Lo Spirito soffiava sulle genti, era un momento di grazia per tutta la Chiesa, un unico coro di preghiere si levava fino al cielo per rendere grazie al Signore!

Un pensiero andò ai miei genitori, a nonna Rosa, ai miei fratelli, pensai a tutta la gente povera e scartata che avevo conosciuto durante la mia vita e trovai la forza necessaria ricordandomi proprio di loro e decidendo di metterli al centro del mio servizio. Una Chiesa *povera per i poveri*, una Chiesa *ospedale da campo*, una Chiesa *missionaria, in uscita*, con una Curia romana riformata, così come chiesto dal Collegio dei cardinali.

Salutato il popolo, feci la mia primissima telefonata al Papa emerito: volevo ringraziarlo per il suo lavoro ancora una volta, chiedendogli di pregare per me e promettendogli che sarei andato a trovarlo molto presto. Quando arrivò l'ora di cena chiamai anche il nunzio apostolico in Argentina, l'allora monsignor Emil Paul Tscherrig, che ho fatto cardinale nel concistoro di settembre 2023. Gli dissi di informare i vescovi e il clero locale di non venire alla mia Messa di inizio pontificato, il 19 marzo, e di destinare i soldi del biglietto aereo ai poveri.

L'indomani mattina indossai per la seconda volta la talare bianca, ma ebbi qualche difficoltà con il colletto: il mio dirimpettaio di stanza era ancora il cardinale Paolo Romeo, arcivescovo di Palermo, che trovandosi nel corridoio per fortuna mi diede una mano a sistemarlo! Dopo la Messa mattutina e la colazione, andai nella basilica di Santa Maria Maggiore, per pregare davanti all'immagine della *Salus populi romani*, affidandole il mio pontificato. E già che ero fuori dal Vaticano mi recai anche alla residenza di via della

Scrofa per prendere le mie ultime cose e pagare il conto che era rimasto in sospeso!

Poi, nel pomeriggio, dopo la Messa celebrata in Sistina, mi portarono a vedere l'appartamento pontificio alla terza loggia del Palazzo Apostolico, ma pensai che fosse troppo esagerato per me: se fossi rimasto a vivere in quel luogo, sicuramente avrei avuto bisogno di uno psichiatra! Per stare bene ho necessità di stare in mezzo alla gente, lì sarei stato un po' troppo isolato dal mondo esterno. E così la soluzione ideale fu Santa Marta: sul piano dove risiedevo durante il conclave c'era una stanza un po' più grande che in genere viene riservata al Papa appena eletto. Me la mostrarono e quando fu pronta decisi di trasferirmi lì: c'è un salottino per gli ospiti, una camera da letto con bagno e un piccolo studio, con un altro bagno per gli ospiti.

Ho cercato di mantenere tutte le mie abitudini di quando ero a Buenos Aires, provando a non stravolgere troppo la mia vita. Certo, una delle cose che, soprattutto nei primi anni, mi è mancata di più è stata il non poter uscire in strada, il non poter raggiungere le periferie per assistere i poveri, il non poter usare i mezzi pubblici per spostarmi, il non poter andare a mangiare una pizza con gli amici come facevo in Argentina. Ma in compenso ho trovato tanta buona gente che prima non conoscevo e per questo ringrazio tutti i giorni il Signore. Con i miei familiari, mia sorella, i miei cugini e gli amici di sempre, invece, ci sentiamo spesso: telefonate, lettere e email. Non facciamo videochiamate perché non sono capace, ma ci teniamo in contatto con i mezzi tradizionali. Tanti degli amici di una vita purtroppo non ci sono più, ma li penso sempre e prego per loro.

Quanto al mio servizio, i progetti non mancano e le cose da fare sono ancora tante. In questi anni ho ricevuto dal Signore il dono di vivere momenti di grande gioia: penso alle cose più semplici (come un incontro o una stretta di mano), ma anche a quelle più importanti, per esempio ai tanti viaggi che ho compiuto in giro per il mondo e a tutta la gente che ho potuto abbracciare, dalle Americhe, all'Africa, all'Asia.

Penso sempre al mio primo viaggio a Lampedusa, in provincia di Agrigento, la porta d'Europa, dove approda chi è alla disperata ricerca di un futuro lontano da guerre e carestie. Dopo una strage del Mediterraneo avvenuta poco tempo prima, era doveroso, in quel luglio del 2013, accettare l'invito di quel parroco di periferia, don Stefano, e iniziare da lì un percorso, sulla rotta dei migranti, che in realtà non è ancora concluso perché sul tema delle migrazioni c'è tanto lavoro da fare.

Guardando al mio Paese, l'Argentina, il nuovo presidente Javier Milei mi ha invitato per un viaggio di "pacificazione": la situazione lì non è semplice, tanta gente soffre per la povertà e vorrei portare la mia vicinanza. Spero di riuscire ad andare, mi piacerebbe, anche se per me non è più semplice viaggiare come in passato, soprattutto per le lunghe distanze. Vedremo cosa deciderà il Signore per me.

Penso, inoltre, al dialogo e ai passi in avanti fatti con i nostri fratelli ebrei, con i nostri fratelli ortodossi, con un cammino ecumenico e un dialogo fraterno che sta portando tanti frutti, e all'edificante dialogo con i nostri fratelli musulmani.

Penso ai passi in avanti che ha fatto la Chiesa in questi anni, una Chiesa in cammino, in ascolto, come solo una mamma sa fare; una Chiesa sinodale, unita, che si mette al servizio del popolo di Dio, nonostante all'interno ci sia chi, vittima di superbia ed egoismo, vittima di tentazioni diaboliche, la vorrebbe divisa, come se ci fossero due diverse tifoserie.

Penso poi alle donne, che trovano sempre più spazio e attenzione nelle strutture della Chiesa, penso ai laici e ai giovani, che sono un grande tesoro e una grande speranza per il futuro.

Ma in questi anni abbiamo vissuto e viviamo anche prove molto dolorose. Penso alla terza guerra mondiale "a pezzi" che ormai da troppo tempo scuote il mondo: conflitti in varie parti del pianeta che stanno distruggendo l'umanità e la fraternità tra i popoli, con sempre più sorelle e fratelli che soffrono sotto le bombe. A chi non ha pietà e rimorso per questa povera gente che muore, lancio l'ennesimo appello: fermate le armi! Fermate le bombe! Fermate la sete di potere! Fermatevi, in nome di Dio! Basta, vi prego!

Penso anche allo sfruttamento, sempre più insistente, della nostra casa comune: la Terra. La questione ambientale non è più rinviabile, è diventata talmente drammatica e urgente che avevo deciso di partecipare personalmente alla Conferenza delle Nazioni Unite sul clima, COP28, che si è tenuta a Dubai, negli Emirati Arabi Uniti, tra la fine di novembre e i primi di dicembre del 2023. Purtroppo un'infezione polmonare mi ha costretto a rimanere a casa: i medici mi hanno sconsigliato d'intraprendere quel viaggio per non incorrere negli sbalzi di temperatura tipici di quel Paese e aggravare la situazione. Sia chiaro, con la mia buona dose d'incoscienza sarei andato, nonostante quel malessere, per spronare i leader delle nazioni a cambiare rotta. E cambiare rotta si deve, altrimenti sarà la fine di tutto e i sacrifici compiuti in tanti anni saranno stati vani. Alla fine, però, ho seguito il consiglio dei medici e quindi ho affidato il mio discorso al cardinale Pietro Parolin, il Segretario di Stato, che lo ha pronunciato il 2 dicembre. Ciò che stiamo facendo al creato, come ho detto in quell'occasione, è una grave offesa a Dio. E voglio aggiungere che è un gravissimo tradimento verso i più deboli, che ne pagheranno le conseguenze più di tutti: pensiamo, per esempio, ai profughi climatici che fuggono dalle loro terre ormai devastate dalla siccità o alle popolazioni povere colpite da devastanti alluvioni, da mareggiate o da altri fenomeni meteorologici. Il grido del pianeta non può rimanere ancora inascoltato: non c'è più tempo, stiamo giocando con il futuro dei giovani, con il futuro della stessa umanità.

E, infine, penso anche agli anni tragici in cui abbiamo vissuto la pandemia, un momento che ci ha fatto capire quanto il mondo sia fragile e quanto l'umanità abbia bisogno di fermarsi e di guardarsi allo specchio per ripensare a se stessa.

XIII

LA PANDEMIA DI COVID-19

Il centro di Roma è immerso nella solitudine. Regna un silenzio spettrale: nessuno schiamazzo intorno al Colosseo, nessuna chitarra a strimpellare davanti al Pantheon, le viuzze di Trastevere sono deserte, le saracinesche dei ristoranti abbassate nonostante sia domenica. I suonatori di strada con le loro fisarmoniche sono svaniti nel nulla, così come i venditori ambulanti nei dintorni del Vaticano. Piazza San Pietro, in genere affollata da migliaia e migliaia di fedeli che attendono l'Angelus del Papa, a mezzogiorno è rimasta completamente vuota: Francesco non si è affacciato alla finestra. Il Pontefice ha recitato la preghiera mariana al chiuso, ripreso dalle telecamere posizionate all'interno della biblioteca privata del

Palazzo Apostolico, così da poter essere seguito in tv, in radio o via internet.

Gli ultimi turisti, che in genere si mettevano in coda per entrare in basilica o per visitare i Musei Vaticani, sono riusciti a scappare via prima che il contagio potesse colpirli e adesso soltanto i gabbiani fanno sentire la loro presenza, mentre rovistano in qualche strabordante cassonetto della spazzatura. Gli unici cittadini in giro per Roma sono negli ospedali, nelle farmacie o in coda davanti ai supermercati; si entra a turno e si cerca di prendere il necessario per vivere, sperando che gli scaffali siano ancora pieni: farina, latte, pasta, lievito, acqua, olio.

In quel primo pomeriggio del 15 marzo 2020, le radio dei tifosi non sono sintonizzate sulle partite di calcio: gli stadi sono chiusi, il campionato è sospeso. In onda ci sono soltanto musica e notiziari che fanno la conta dei morti: oltre mille e quattrocento in Italia, dice il bollettino diffuso il giorno prima alle diciotto dalla Protezione Civile, con più di ventimila contagiati totali dall'inizio della pandemia. Le terapie intensive, soprattutto al Nord, sono al collasso, le case di riposo sembrano delle polveriere sul punto di esplodere, l'Italia vive l'incubo della pandemia di Covid-19, la cui causa è il coronavirus arrivato dalla Cina che si sta diffondendo a macchia d'olio in tutto il mondo, dagli Stati Uniti alla Nuova Zelanda.

Qualche giorno prima – il 9 marzo – il governo italiano ha decretato il lockdown tramite un annuncio del presidente del Consiglio: nessuno potrà più lasciare la propria abitazione se non per seri motivi, la maggior parte delle attività commerciali dovrà rimanere chiusa per evitare assembramenti di persone, così come le scuole, le chiese, le palestre, i musei, i cinema e i teatri. La parola d'ordine è restate a casa. *È questa la formula che le auto della polizia locale diffondono attraverso i megafoni con un nastro registrato, girando per le strade delle metropoli.*

Il Papa da settimane segue con attenzione l'evoluzione della pandemia in tutto il mondo, leggendo i rapporti stilati dall'Organizzazione mondiale della sanità che gli vengono consegnati quasi tutti i giorni: prega per le vittime e i loro familiari, per chi ha visto stravolta la propria vita, per chi ha perso il lavoro, per gli anziani rimasti da soli. Ma pensa di dover fare anche qualcos'altro per fermare quel nemico piccolo e invisibile.

Così, nel pomeriggio di quella fredda domenica, immerso nel silenzio di una Roma che sembra addormentata, l'uomo vestito di bianco, dopo un veloce tragitto in auto, decide di incamminarsi a piedi per le strade della capitale deserta. Attorno a lui, a distanza e con discrezione, soltanto gli uo-

mini della Gendarmeria Vaticana: Papa Francesco è uscito a sorpresa dal Vaticano, poco dopo le quattro, per compiere un pellegrinaggio in due tappe, alla basilica di Santa Maria Maggiore e alla chiesa di San Marcello al Corso. Nella prima è conservata l'icona della Salus populi romani, *a cui Francesco ha affidato il suo pontificato. Nella seconda, invece, è conservato il crocifisso miracoloso, l'opera lignea risalente al XIV secolo rimasta intatta dopo un incendio notturno che distrusse la chiesa nel maggio del 1519. Tre anni dopo, nell'estate del 1522, quando Roma fu colpita dalla peste, il grande crocifisso fu portato in processione a spalla per tutti i rioni della capitale fino a piazza San Pietro. I devoti ripeterono il rito per sedici giorni consecutivi, quasi fino alla fine di agosto di quell'anno, finché l'epidemia si fermò.*

Ci avevo riflettuto a lungo, avevo ragionato su quale gesto potessi compiere, e di fronte alla situazione drammatica che l'Italia e il mondo stavano attraversando decisi di fare qualcosa: andare a trovare Gesù Crocifisso e la Madonna *salvezza del popolo romano*. Lei vado a trovarla sempre prima e dopo un viaggio apostolico e in qualche altra situazione particolare.

Avvisai in anticipo la Gendarmeria che quel pomeriggio sarei uscito per un impegno importante e così, dopo essere arrivato in auto più o meno all'altezza di piazza Venezia, camminai alcuni metri a piedi lungo via del Corso, in direzione della chiesa di San Marcello, dov'è custodito il crocifisso miracoloso di cui mi avevano tanto parlato. Era incredibile: mi trovavo nel cuore di Roma alle quattro e mezza di una domenica pomeriggio ed ero completamente immerso nel silenzio. Intorno non c'era nessuno: nessun taxi, nessun pullman di turisti e nemmeno un passante. Era uno scenario irreale quanto drammatico, e io pensavo alla gente costretta a rimanere chiusa in casa per evitare il contagio. In passato, da cardinale, avevo camminato tanto a piedi lungo quelle strade romane e anche da Papa, ogni tanto, sono stato in centro per andare dall'ottico o per raggiungere qualche altro negozio: in tutti i casi il traffico, così come i turisti o i romani, si è sempre fatto notare a qualsiasi ora del giorno. Forse anche per questo, quella domenica pomeriggio, rimasi particolarmente colpito dal silenzio e dalla desolazione che avvolgevano l'intera città.

Lungo quel breve tragitto a piedi pregai tanto il Signore, pensando alle vittime del virus, ma anche a tutto il personale sanitario, ai volontari e alle volontarie; pregai per i preti e le suore che morivano contagiati in corsia; pregai per i governanti, perché potessero presto trovare delle soluzioni. Arrivato all'interno della chiesa, con dei fiori da deporre ai piedi del crocifisso custodito in una teca, fui accolto da un gruppo di dieci frati e rimasi per alcuni minuti in silenzio davanti al Cristo in croce. Gli parlai con il cuore, con quella naturalezza che c'è tra fratelli o tra amici; invocai la fine della pandemia e gli chiesi di ricordarsi di tutte e tutti noi e di non abbandonarci durante quella prova tanto dura per l'umanità.

Quella stessa mattina, prima dell'Angelus – che purtroppo avevo recitato al chiuso – avevo voluto ringraziare tutti i sacerdoti per il loro zelo apostolico e la loro creatività, perché soprattutto nel Nord Italia, in Lombardia, in quei giorni i preti trovavano mille modi per farsi prossimi al popolo, affinché non si sentisse abbandonato.

A tal proposito, in quei giorni mi aveva telefonato un bravo vescovo italiano che stava vivendo un momento di grande difficoltà per il numero di ricoveri e di casi di Covid-19 presenti nella sua diocesi. Mi raccontò con tristezza che durante la settimana, domeniche comprese, girava tutti gli ospedali per benedire e dare l'assoluzione ai malati, ma che lo faceva dalla sala d'attesa perché a causa del rischio di contagio non gli permettevano di accedere alle aree della terapia intensiva. Per questo era stato criticato da alcuni studiosi canonisti che gli avevano detto che l'assoluzione era consentita soltanto con un contatto fisico diretto. Mi aveva chiesto: «Cosa posso fare?». Gli avevo risposto semplicemente di svolgere il suo dovere di prete e di agire come avrebbe voluto il Signore. Mi aveva ringraziato, e più avanti mi riferirono che aveva continuato a dare le assoluzioni.

Questi sono esempi di grande misericordia, di amore verso il popolo, di preti che non fanno i codardi come don Abbondio nei *Promessi Sposi*, ma che mettono al primo posto la gente, anche a rischio della propria vita. A proposito del capolavoro di Manzoni, mi viene in mente anche il personaggio del cardinale Federigo Borromeo, che ho definito un *eroe* della peste di Milano; nel suo *De pestilentia*, che il Manzoni utilizzò come fonte storica per la stesura del romanzo, il porporato scrive che nella città colpita dall'epidemia si muoveva all'interno di una portantina protetto dai vetri e che salutava da dietro il finestrino, senza avvicinarsi a nessuno. Questo stare dietro il vetro, a quanto pare, non era piaciuto molto al popolo, che cercava la prossimità e il conforto del suo pastore. Tanti preti durante il Covid-19 invece sono stati vicini ai loro parrocchiani, ma mi vengono in mente anche gli infermieri e i medici che tutti i giorni hanno trascurato le proprie famiglie per stare accanto agli ammalati.

Anch'io avrei voluto fare la mia parte con qualche gesto ancora più concreto: quanto avrei voluto visitare gli ospedali per dare conforto a quegli ammalati rimasti da soli! Quanto avrei voluto visitare le case di riposo e ascoltare le storie degli anziani che stavano vivendo mesi di isolamento! Quanto avrei voluto recitare la preghiera del Rosario insieme a tutte quelle persone bloccate in casa per mesi, senza poter uscire. Le restrizioni sanitarie invece mi costrinsero a rimanere al chiuso, ingabbiato, cambiando a forza le mie abitudini, e non posso nascondere che ne ho sofferto molto. Rimasi in contatto con tutti, per fortuna, attraverso i mezzi di comunicazione sociale: facemmo tante riunioni tramite computer, celebrai la Messa nella cappellina di Santa Marta e chiesi che venisse trasmessa in televisione e su internet, così che tutti potessero unirsi in preghiera.

Il periodo di solitudine generato dal lockdown mi aiutò anche a sottrarmi alla tentazione dell'egoismo, perché ebbi modo di pregare di più e di pensare di più alla gente. Inoltre, riflettei a lungo anche su come affrontare il mio ruolo di vescovo di Roma quando la crisi sarebbe passata.

Andai avanti in quei mesi con una certezza: da quella prova saremmo usciti tutti migliori o peggiori. Per uscirne migliori, l'unica strada sarebbe stata fare una revisione di tutto, analizzando le situazioni più drammatiche e prendendone coscienza con realismo. Solo con il realismo, infatti, è possibile affrontare le crisi. Pensiamo per esempio al fatto che durante il Covid tutto si è fermato e, a livello ambientale, è stato come se il pianeta avesse ricominciato a respirare. Un controsenso, no? E invece c'è un proverbio spagnolo che dice: «Dio perdona sempre, noi qualche volta e la natura mai». È successo proprio questo: distratti da altre priorità, non abbiamo prestato attenzione alle catastrofi che arrivavano e che sono esplose all'improvviso senza che ce ne accorgessimo. Non dimentichiamo che tutto è interconnesso e che la nostra salute dipende da quella degli ecosistemi creati da Dio: il coronavirus, così come lo scioglimento dei ghiacciai o i grandi incendi che devastano ettari ed ettari di verde possono essere una reazione della natura all'incuria e allo sfruttamento operato da noi umani.

Possiamo dire con certezza che finora ha prevalso uno stile di vita che distrugge l'ambiente senza pietà. È mancata la contemplazione, cedendo a un antropocentrismo superbo che ha portato l'uomo a sentirsi dominatore assoluto di tutte le creature. Il nostro compito invece, insieme alle generazioni che arriveranno dopo di noi, è quello di custodire la nostra casa comune, di ricostruire ciò che abbiamo distrutto e correggere tutto ciò che, già prima del Covid-19, non funzionava e che ha contribuito ad aggravare la crisi.

Mi piace vedere quanto i giovani, soprattutto i ragazzi e le ragazze delle scuole, siano già impegnati a lottare per la tutela dell'ambiente, protestando contro le decisioni dei governi che non intervengono a sufficienza sul cambiamento climatico. Il tempo sta per scadere, non ci rimane molto per salvare il pianeta, e pensando a quei ragazzi che scendono in strada dico sempre: *Haciendo lío*, "facendo chiasso", ma a patto che le manifestazioni di protesta non sfocino in azioni violente né finiscano con il deturpare il territorio o le opere d'arte.

In questa crisi siamo tutti coinvolti, ricchi e poveri, e devo purtroppo constatare che durante il periodo della pandemia ha prevalso in alcuni casi l'ipocrisia di alcuni personaggi politici che da un lato dicevano di voler affrontare la crisi, di voler combattere la fame nel mondo, e dall'altro spendevano fior di quattrini per le forniture di armi. Serve coerenza, serve una rinascita che possa portare una ventata di fiducia nei cittadini.

E voglio aggiungere che è anche necessario pregare di più: si prega troppo poco in questa società "liquida", travolta dall'immediatezza degli eventi che non permettono più di fermarsi un attimo a riflettere. Si prega poco in famiglia, le preghiere della sera nella lingua madre o in dialetto, quelle che ci insegnavano le nostre nonne, finiscono sempre più nell'oblio, e tanta gente si è allontanata dalla fede pensando che la pandemia fosse una punizione divina. Non è così! Il Signore ama l'essere umano, il Signore è il Signore della vita e non della morte! Anche per questo, nel momento più difficile del lockdown, ho voluto guidare un momento straordinario di preghiera in piazza San Pietro che coinvolgesse tutto il mondo.

«Santità, quando vuole noi siamo pronti per andare.»

Papa Francesco fa un cenno con la testa: «Sì, arrivo...».

A entrare nella stanza dopo aver bussato velocemente alla porta è uno dei suoi aiutanti di camera, per avvisarlo che è quasi l'ora dell'appuntamento. Nel suo studio della residenza Santa Marta, il Pontefice ottantatreenne, con una piccola luce accesa sulla scrivania, è immerso nella lettura del Vangelo e sta apportando qualche modifica al testo della meditazione che pronuncerà a breve. Ci ha lavorato tanto, ha cercato le parole giuste che possano trasmettere il suo stato d'animo e al tempo stesso che possano infondere fiducia in chi le ascolterà. All'ingresso dell'edificio lo attendono con un ombrello aperto; è già in moto l'auto che, passando per l'arco delle campane, lo porterà alla base del ventaglio del sagrato di piazza San Pietro. Le enormi statue degli apostoli Pietro e Paolo, abituate a vegliare sui pellegrini che giungono da tutto il pianeta, sono avvolte però da un silenzio irreale.

La piazza è desolata, priva del suo solito fervore, e tutto intorno si respira un'aria di paura mista alla sconsolatezza. A rendere il momento ancora più drammatico ci pensa la pioggia battente, un insistente temporale che, nonostante sia già primavera, avvolge la città e con i suoi fulmini illumina il cielo cupo di fine marzo. In sottofondo si sentono soltanto le sirene delle ambulanze che ormai tutti i giorni fanno la spola tra gli ospedali e le case di chi è stato colpito dalla letale infezione polmonare. Il numero di morti aumenta di giorno in giorno, i contagiati in Italia sono quasi novantamila, la gente si aggrappa a ciò che può, a qualsiasi soluzione possa presentarsi davanti ai suoi occhi, anche quella più infima. In tutto il mondo si piangono le vittime, sembra non esserci una via d'uscita, una soluzione che possa battere questo nemico invisibile che si è ormai diffuso in ogni angolo del globo, costringendo le nazioni a chiudere le porte alle relazioni sociali. Una luce di speranza però è ancora accesa: è quella della fede, di chi prega Dio perché metta fine a questo supplizio.

L'auto con a bordo il Papa è arrivata in piazza e Francesco è sceso per incamminarsi verso il sagrato. Sono i passi lenti e solitari del pastore che porta sulle spalle le speranze e i dolori del mondo, i passi dell'uomo Jorge Mario Bergoglio che guarda lassù, sul sagrato, due immensi simboli di speranza: il crocifisso miracoloso di San Marcello al Corso e l'icona della Salus populi romani. *Li ha voluti lì, accanto a sé, per la* Statio Orbis *del 27 marzo 2020, per questo momento unico di unione spirituale, di comunione collettiva, nonostante la distanza fisica.*

Francesco si raccoglie in preghiera; al suo fianco il maestro delle Celebrazioni Liturgiche Pontificie lo assiste e legge un passo del Vangelo. Poi il Papa inizia la lettura della sua meditazione con voce calma e rassicurante: le sue parole risuonano nella piazza deserta, ma raggiungono i cuori di miliardi di persone. Il suo discorso si diffonde nel silenzio mentre chi è a casa si unisce spiritualmente a lui, certo di non essere più da solo lungo quel cammino impervio, certo che la presenza del pastore, lì in piazza sotto la pioggia, lo accompagnerà nel corso della tempesta. Francesco guarda lontano, verso la città silenziosa. Gli occhi sono lucidi. Poi volge lo sguardo verso destra, dove si erge il monumento ai migranti delle varie epoche storiche, uomini e donne stretti tutti insieme su una piccola barca.

«Da settimane» dice Francesco leggendo il discorso, «sembra che sia scesa la sera. Fitte tenebre si sono addensate sulle nostre piazze, strade e città; si sono impadronite delle nostre vite riempiendo tutto di un silenzio assordante e di un vuoto desolante, che paralizza ogni cosa al suo passaggio: si sente nell'aria, si avverte nei gesti, lo dicono gli sguardi. Ci siamo trovati impauriti e smarriti. Come i discepoli del Vangelo siamo stati presi alla sprovvista da una tempesta inaspettata e furiosa. Ci siamo resi conto di trovarci sulla stessa barca, tutti fragili e disorientati, ma nello stesso tempo importanti e necessari, tutti chiamati a remare insieme, tutti bisognosi di confortarci a vicenda. Su questa barca... ci siamo tutti. Come quei discepoli, che parlano a una sola voce e nell'angoscia dicono: "Siamo perduti", così anche noi ci siamo accorti che non possiamo andare avanti ciascuno per conto suo, ma solo insieme.»

La fede e la speranza in quel momento erano più forti di qualsiasi virus. Il mondo era in preda all'oscurità e così pensai che servisse un momento di preghiera che unisse tutti per alimentare la fiamma della speranza che avrebbe illuminato il cammino del mondo. L'idea di questa preghiera straordinaria in piazza nacque da un prete, don Marco Pozza, il cappellano di un carcere del Nord Italia che mi aveva proposto una *Statio Orbis*, cioè un gesto forte che potesse unire le genti di tutto il pianeta in un unico coro verso il cielo. Fu qualcosa di straordinario, perché mai mi ero trovato in quella situazione in piazza San Pietro, in genere affollata dai fedeli.

Tanti si sono domandati a cosa stessi pensando mentre a piedi raggiungevo il sagrato: niente di straordinario, pensavo alla solitudine della gente. Ero da solo e come me tante persone nel mondo vivevano quella mia stessa situazione, ma in condizioni sicuramente più difficili. Mentre camminavo sentivo un pensiero che definirei *inclusivo*, perché il mio cuore e la mia mente erano con ogni essere umano: ero totalmente con voi.

È vero che sulla piazza ero da solo, ma soltanto fisicamente, perché spiritualmente ero in contatto con tutti e tutte, e sentivo questa vicinanza nella forza della preghiera: la preghiera che fa miracoli. Per questo chiesi che ci fossero anche il crocifisso miracoloso e la *Salus populi romani*! Mi fermai in preghiera davanti al Cristo in croce e gli chiesi di intervenire per la pandemia: usai un'espressione linguistica che usiamo molto in Argentina, *meté mano, por favor*, "mettici mano, per favore". E aggiunsi: «Tu già nel 1500 hai risolto una situazione come questa, sai come fare...». Mi aggrappai anch'io alla preghiera, in cerca di un miracolo, e feci lo stesso davanti all'icona della Madonna, affidandole il mondo e chiedendole di essere mamma, non soltanto del popolo romano, ma di tutto il pianeta. Poi osservai dall'alto del sagrato la piazza completamente vuota: regnava il silenzio, si sentivano solo le sirene e la pioggia che scendeva giù forte. Pensai che, nonostante l'assenza del popolo, eravamo insieme seppur a distanza; poi guardai da lontano il monumento con la barca dei migranti e pensai alla barca su cui eravamo, tutti impauriti e ignari di quanti sarebbero arrivati alla fine del viaggio.

Era un momento forte, la tristezza avrebbe potuto prendere facilmente il sopravvento, ma trovai una luce di speranza quando alla fine, prima dell'adorazione eucaristica, baciai i piedi del crocifisso: Cristo è davvero la redenzione per l'umanità. Il momento più significativo fu quando strinsi tra le mani il Santissimo Sacramento per la benedizione *Urbi et Orbi*: affidai la mia diocesi di Roma e il mondo al Signore, implorandolo di metter fine a quella tragedia. Ricordai nella preghiera soprattutto i familiari delle vittime e chi era impegnato in prima linea, ma anche le famiglie che sentivano il peso della crisi scatenata dalle restrizioni, le persone con gravi disabilità, chi viveva nelle periferie e sembrava esser stato dimenticato da tutti, chi viveva per strada, rimanendo esposto al virus senza possibilità di proteggersi, bambini e bambine, che non potevano uscire di casa, le persone senza "congiunti", talvolta fuorisede, che non potevano incontrare nessuno, i migranti e le persone senza documenti in generale, i carcerati... Ma anche tutte le persone che non hanno potuto salutare i loro cari con la celebrazione comunitaria del funerale.

Quello scenario così pesante cominciò a mutare quando arrivarono i primi vaccini: decidere di vaccinarsi è sempre una scelta etica, ma so che tante persone, radunate in movimenti, si opposero alla somministrazione di questo farmaco e me ne dispiacqui molto, perché a mio parere opporsi all'antidoto fu un atto di negazionismo quasi suicida.

Anche tra i vescovi ci furono alcuni negazionisti del vaccino: qualcuno di loro andò vicino alla morte perché rifiutò di curarsi. Credo che si sia generata una paura generale perché qualcuno aveva spiegato con superficialità il funzionamento degli antidoti, parlando soltanto di virus iniettati nel corpo; qualcun altro diceva che nelle fiale c'era solo acqua; c'è stato anche chi ha parlato pubblicamente di microchip che venivano impiantati, e tutto ciò ha contribuito a creare confusione e panico. Quando in Vaticano arrivò la prima dose, io mi prenotai subito e poi feci anche i richiami e, grazie a Dio, non fui mai contagiato.

Ma soffrii in quel periodo perché non potevo più stringere le mani dei fedeli, accarezzare i volti dei bambini e degli anziani, abbracciare chi chiedeva un gesto di vicinanza. E soffrii anche perché dovetti annullare o rinviare tanti progetti o viaggi che erano in programma. C'era tanta gente – soprattutto i poveri – che bussava insistentemente per chiederci il vaccino e così, d'accordo con l'elemosiniere, il cardinale Konrad Krajewski, organizzammo anche le vaccinazioni per i senza fissa dimora che non avevano certamente la documentazione di residenza per potersi presentare ai centri vaccinali. Ci fu una grande ondata di volontariato, non soltanto a Roma, ma in tutto il mondo!

Devo ammettere però che, mentre all'inizio ci sentivamo tutti sulla stessa barca, tutti fratelli, dopo un po' prevalse la tentazione del "si salvi chi può" e questo fece distogliere l'attenzione dalle situazioni più gravi per concentrarsi su se stessi, sul proprio *io*, mettendo in secondo piano il *noi*, lo spirito di comunità. Pensiamo, per esempio, all'attenzione verso i poveri che cercavano aiuto per potersi vaccinare o per essere curati dal contagio: era come se le loro voci fossero state silenziate. Certo, le loro storie o i loro volti commuovevano, ma in quei momenti di restrizioni – per alcuni sfociate in fobia da contatto fisico – la presenza di una persona povera, senzatetto o disagiata creava fastidio e generava nuova emarginazione. Per fortuna ci furono tanti *buoni samaritani*, buoni cristiani che si occuparono anche dei più deboli, durante il lockdown e per tutto il periodo della pandemia: Dio intervenne perché, nonostante la crisi, queste persone lasciassero la porta aperta, senza cedere alla rabbia e alla paura.

E così piano piano ci rialzammo, il mondo tornò a ritrovare la fiducia e anche noi in Vaticano potemmo riprendere tutte le attività, dalle udienze alle celebrazioni in presenza, con la basilica nuovamente affollata di gente. Io ritornai a viaggiare e a incontrare amici e fedeli anche se, pur non a causa del coronavirus, nei mesi e negli anni a seguire feci anche l'esperienza della malattia, con dei ricoveri in ospedale.

Anche questa è stata un'esperienza forte, perché la malattia in noi cristiani può favorire la crescita e il discernimento su ciò che conta veramente nella vita. E poi permette di sperimentare appieno la solidarietà umana e cristiana secondo lo stile di Dio: vicinanza, compassione e tenerezza. Ho incontrato nei reparti tanti ammalati che lottavano per la vita, soprattutto piccoli, e questo mi ha toccato il cuore. Mi sono domandato più volte, citando Dostoevskij: perché soffrono i bambini? È un quesito che non può avere una risposta umana. Le risposte migliori che possiamo dare sono solamente la preghiera e il servizio verso di loro.

A proposito di bambini, in Vaticano soffriamo ancora tanto per la scomparsa, avvenuta più di quaranta anni fa, di una nostra cittadina, Emanuela Orlandi, che all'epoca aveva quindici anni. Continuo a pregare per lei e per i suoi familiari, in particolare la mamma. C'è un'inchiesta aperta in Vaticano, così che si possa fare luce su questa storia ed emerga la verità. Parlando di Emanuela, però, voglio che tutte quelle famiglie che piangono la scomparsa di un proprio caro sentano la mia vicinanza. Sono accanto a loro.

Tornando ai miei ricoveri, questi mi hanno lasciato tanto su cui riflettere ma, nel frattempo, qualcuno era più interessato alla politica, a fare campagna elettorale, pensando quasi a un nuovo conclave. State tranquilli, è umano, non c'è da scandalizzarsi! Quando il Papa è in ospedale di pensieri se ne fanno molti e c'è anche chi ci specula per proprio tornaconto o per guadagno sui giornali. Per fortuna, nonostante i momenti di difficoltà, non ho mai pensato alle dimissioni, ma ne parlerò tra poco.

Grazie all'aiuto del Signore e alla preghiera di tanti fedeli sono andato avanti, trovandomi però presto di fronte ad altre emergenze umanitarie, ad altre crisi mondiali: prima la guerra che ha sconvolto l'Europa, il grande conflitto che ha insanguinato l'Ucraina. E poi, dall'ottobre del 2023, un nuovo conflitto che ha colpito il Medio Oriente. Ho chiesto e continuo a chiedere, giorno dopo giorno, che le guerre nel mondo abbiano fine, che possa prevalere il dialogo, che si prestino attenzione e cura a tutti quei bambini e tutti quegli anziani che soffrono, che si pensi alle famiglie in pena per il sequestro dei loro cari. Nei bombardamenti a Gaza anch'io ho perso qualche amico d'origine argentina: è stato un dolore immenso! Persone che conoscevo da anni e che all'improvviso hanno trovato la morte per mano dell'uomo. E poi ho provato una grande pena nel sentire quotidianamente la conta delle vittime e le notizie degli attacchi agli ospedali. Per far avvertire la mia presenza sono sempre rimasto in contatto con il parroco di Gaza, che è di origini argentine, e alcune suore che da anni sono impegnate tra la popolazione. E poi ho incontrato in Vaticano, in due momenti distinti, i familiari di alcuni ostaggi israeliani e i familiari di palestinesi che erano bloccati a Gaza sotto le bombe: posso assicurarvi che non c'era differenza tra di loro! Gli sguardi erano gli stessi: gente semplice, bisognosa di amore.

Non c'era voglia di vendetta in quegli occhi, c'era soltanto il desiderio di ritrovare il silenzio della pace e una convivenza serena, senza minacce e senza armi. Solo così potrà esserci un futuro per questa umanità ferita.

XIV

UNA STORIA ANCORA DA SCRIVERE

La guardia svizzera è ferma da ore davanti al piccolo appartamento, in corridoio, non lontano dall'ascensore del secondo piano della residenza Santa Marta. In sottofondo si sente il ronzio di una ventola, c'è chi parla sottovoce per non disturbare e chi fa avanti e indietro dalla stanza del Papa, cercando di camminare il più silenziosamente possibile. Il giovane, alto più di un metro e novanta, sui vent'anni, guarda chi entra e chi esce, fa il saluto militare, sorride a qualche battuta. L'uniforme, di foggia rinascimentale, sembra essere uscita da un dipinto di Raffaello Sanzio, anche se la leggenda narra che a disegnarla sia stato invece Michelangelo Buonarroti. Ma questa è soltanto una storia fantasiosa: in realtà fu il co-

mandante Jules Repond, ispirandosi proprio agli affreschi di Raffaello, a idearla agli inizi del XX secolo, quando nel mondo nessuno immaginava che il Novecento sarebbe stato sconvolto da due guerre mondiali e da tanti eventi rimasti nella memoria collettiva.

«Sei ancora vivo?»

Papa Francesco è uscito in corridoio, sta raggiungendo la stanza dove conserva i libri e le pubblicazioni in diverse lingue che vengono regalati agli ospiti ricevuti in udienza. Deve cercare un volume contenente i suoi discorsi sull'Europa perché ha intenzione di donarlo alla persona che sta per arrivare. Sarà la sesta volta, dal mattino, che l'ottantasettenne Papa argentino incrocia quella guardia lì davanti alla sua camera, e sono già le tre e un quarto di un freddo pomeriggio d'inverno. Una battuta affettuosa che lascia il giovane spiazzato, pur suscitandogli un sorriso.

«Ehm... sì, Santità, sono ancora vivo, certo!» risponde lo svizzero facendo il saluto militare e infrangendo quello storico silenzio che da secoli contraddistingue il corpo pontificio.

«Hai mangiato qualcosa da stamattina?» chiede il Papa.

E l'alabardiere fa ancora un sorriso riconoscente, annuendo.

Prima di entrare nella stanza dei libri, il Papa mette un foglietto sotto la statua di san Giuseppe dormiente, controlla la cassetta della posta in arrivo e lascia alcuni fogli in quella della posta in uscita. Prende anche un pugno di cioccolatini ripieni che gli hanno portato alcuni vescovi brasiliani: dei dolci tipici dell'Amazzonia, gli hanno detto. Li farà provare al suo ospite, che intanto è arrivato nella hall della residenza. Al piano terra è un viavai silenzioso di preti e laici e diverse guardie svizzere in borghese, con un completo nero, insieme agli uomini della Gendarmeria Vaticana controllano che tutto sia in ordine; uno svizzero con l'auricolare nell'orecchio accompagna la persona nel salotto dove presto arriverà il Papa.

«Può attendere qui, grazie» dice con voce ferma e con un marcato accento tedesco.

Il pastore gesuita intanto, al secondo piano, sta varcando la soglia di quell'ufficio trasformato in biblioteca, avvolto dal profumo delle pagine ingiallite e da quello dell'inchiostro dei volumi freschi di stampa. Poi con sicurezza si dirige verso lo scaffale che ospita numerose copie del libro che vuole portare con sé all'appuntamento.

«La persona che stava aspettando è arrivata, Santità...» lo informa uno dei suoi aiutanti di camera.

«Sì, grazie» risponde lui, mentre ripone il testo in un sacchetto che contiene già altre due pubblicazioni, alcune coroncine del Rosario e i cioccolatini brasiliani.

Qualche attimo più tardi raggiunge la hall tramite l'ascensore; lo svizzero di guardia davanti al suo appartamento ha pronunciato un codice via radio per informare i colleghi in servizio al piano terra che il Pontefice è in movimento, diretto verso quell'area della Domus. Una volta a destinazione, Francesco accontenta qualche ospite di passaggio che gli chiede un selfie. Dopo aver bussato velocemente alla porta, entra sorridente nella sala dove il suo ospite lo sta aspettando; un'enorme immagine della Maria che scioglie i nodi *campeggia sulla parete.*

«Come stai? Se vuoi togli pure la giacca, non formalizzarti, eh!» gli dice il Pontefice salutandolo e mettendolo subito a suo agio. Poi gli fa cenno di accomodarsi in poltrona. Un breve scambio di battute, un momento di preghiera e una chiacchierata che tocca vari temi, dalla guerra allo sport e al dialogo interreligioso, fino a una riflessione su quello che può essere il ruolo giocato dalla Chiesa Cattolica nel prossimo futuro e su come la società cambierà nei prossimi anni. In quel salone, il potere e la grandezza di quella figura, del leader spirituale del mondo cattolico, cedono il passo alla semplice umanità che lo trasforma in un prete che ascolta un fedele.

«Santità, sa cosa ha scritto qualcuno?» dice l'ospite dopo circa mezz'ora di conversazione. «Che lei sta distrug-

gendo l'immagine del papato, perché ha annullato le distanze con la gente...»

Francesco sorride, rimane in silenzio per qualche istante, guarda verso l'alto, poi incrocia lo sguardo del suo interlocutore.

In effetti rimasi per un attimo in silenzio, pensando al fatto che, se fossi andato dietro a tutte le cose dette e scritte su di me, non avrei avuto più tempo per far nulla e avrei avuto bisogno di un consulto dallo psicologo una volta alla settimana! Comunque avevo letto da qualche parte quell'affermazione, "Francesco sta distruggendo il papato", e oggi cosa posso dire? Che la mia vocazione è quella sacerdotale: prima di tutto sono un prete, sono un pastore, e i pastori devono stare in mezzo alle persone, parlare con loro, dialogare, ascoltarle, sorreggerle e vegliare su di esse.

Oggi non è più giusto creare distanze, Gesù non stava al di sopra del popolo, era parte del popolo e camminava insieme a esso. È vero che quella del Vaticano è l'ultima monarchia assoluta d'Europa, e che spesso qui dentro si fanno ragionamenti e manovre di corte, ma questi schemi vanno definitivamente abbandonati e superati. Per fortuna, a chiedere una riforma in tal senso prima del conclave del 2013 è stata la maggior parte dei cardinali presenti alle congregazioni generali! C'era una gran voglia di cambiare le cose, di abbandonare certi atteggiamenti che purtroppo ancora oggi fanno fatica a sparire. C'è sempre, infatti, chi cerca di frenare la riforma, chi vorrebbe rimanere fermo ai tempi del Papa-re, chi sogna un gattopardismo che di certo non fa bene alla Chiesa. A proposito di conclave, alcuni media americani hanno fatto circolare la notizia che avrei in mente di cambiare le regole, ammettendo al voto per l'elezione del nuovo Papa anche religiose e laici: sono tutte fantasie, invenzioni messe in giro evidentemente per creare malumori nella Chiesa e disorientamento nei fedeli.

Ma io continuo a coltivare un sogno per il futuro: che la nostra sia una Chiesa mite, umile e servitrice, con gli attributi di Dio e dunque anche tenera, vicina e compassionevole. Dobbiamo andare avanti con tante novità, con tanti progetti: pensiamo per esempio al Giubileo del 2025, portatore di una grande ventata di fede oltre che occasione per ritrovare un clima di speranza.

Dobbiamo guardare sempre con fiducia verso l'orizzonte, soprattutto verso quei Paesi e quei continenti dove fioriscono le vocazioni e dove c'è sete del Signore, luoghi in cui c'è sete di vicinanza e di ascolto e si cerca nella Chiesa un'oasi dove abbeverarsi. A tal proposito, qualcuno ha ipotizzato che possa esserci un ritorno alla Chiesa delle origini, quella delle prime comunità cristiane, ma questa è soltanto un'immagine romantica: dobbiamo guardare al futuro semplificando le cose, cercando di superare il clericalismo, l'atteggiamento di superiorità morale e di distanza nei confronti dei fedeli, che è diventato una malattia, una peste! La Chiesa è piena di santi, ma in alcuni casi è diventata una Chiesa viziosa, proprio perché il clericalismo è vizioso.

Se penso alla Chiesa che verrà, mi viene in mente la teoria di Joseph Ratzinger, che parlava di una Chiesa che andrà avanti ma in altro modo: sarà un'istituzione più piccola, più particolare. Era il 1969 e, nel corso di un ciclo di lezioni radiofoniche, il teologo bavarese tracciava la propria visione del futuro, dicendo che quella che ci aspetta sarà una Chiesa che ripartirà da una minoranza, con pochi fedeli, che rimetterà la fede al centro dell'esperienza; una Chiesa più spirituale, più povera, che diventerà una casa per gli indigenti, per coloro che non hanno perso di vista Dio. Del resto Ratzinger, in quegli anni di disputa teologica dopo la chiusura del Concilio Vaticano II, parlava di un momento cruciale per l'essere umano, di un momento storico rispetto al quale il passaggio dal Medioevo ai tempi moderni sembrava quasi insignificante. E, in quel contesto, s'intravedeva un tentativo di trasformare i preti in una sorta di funzionari, di assistenti sociali, con una rilevanza esclusivamente politica e non spirituale. Anche per questo dobbiamo combattere la piaga del clericalismo: è una perversione che può distruggere la Chiesa perché anziché promuovere i laici, li uccide, esercitando su di essi il potere!

Don Primo Mazzolari, non a caso, scriveva e metteva in guardia da quei preti che, anziché sostenere e scaldare i cuori dei fratelli, ne soffocano i segni di vita. Ma succede anche che il virus del clericalismo contagi i laici: questo è terribile, perché sono persone che chiedono di essere clericalizzate, rimanendo ai margini decisionali per non avere responsabilità. È l'opposto della sinodalità, dove il popolo di Dio concorre e partecipa attivamente nel cammino della Chiesa.

In questo contesto, immagino una Chiesa madre, che abbracci e accolga tutti, anche chi si sente sbagliato e chi in passato è stato giudicato da noi. Penso per esempio alle persone omosessuali o transessuali che cercano il Signore e che invece sono state respinte o cacciate. In tanti hanno parlato a proposito di *Fiducia Supplicans*, la dichiarazione del Dicastero per la dottrina della fede sulle benedizioni alle coppie irregolari: voglio soltanto dire che Dio ama tutti, soprattutto i peccatori. E se dei fratelli vescovi, secondo il loro discernimento, decidono di non seguire questa strada, non significa che questa sia l'anticamera di uno scisma, perché la dottrina della Chiesa non viene messa in discussione. Anche durante il Sinodo sulla sinodalità è stata chiesta più attenzione e accoglienza verso i membri di questa comunità e verso i loro genitori. Sono tutti figli di Dio e devono essere accolti a braccia aperte. Questo non significa che la Chiesa sia favorevole ai matrimoni tra persone dello stesso sesso: noi non abbiamo nessun potere di cambiare i sacramenti che ha istituito il Signore. Il matrimonio è uno dei sette sacramenti e prevede l'unione solo tra uomo e donna. Non si tocca.

Anche quando ero arcivescovo di Buenos Aires ho sostenuto e difeso con forza il valore del matrimonio e ancora oggi voglio sottolineare, come ho fatto già nell'esortazione apostolica *Amoris laetitia*, che «circa i progetti di equiparazione al matrimonio delle unioni tra persone omosessuali, non esiste fondamento alcuno per assimilare o stabilire analogie, neppure remote, tra le unioni omosessuali e il disegno di Dio sul matrimonio e la famiglia»; ed è inaccettabile «che le Chiese locali subiscano delle pressioni in questa materia e che gli organismi internazionali condizionino gli aiuti finanziari ai Paesi poveri all'introduzione di leggi che istituiscano il *matrimonio* fra persone dello stesso sesso».

Altra cosa sono invece le unioni civili, e su questo piano ho detto in più occasioni che è giusto che queste persone che vivono il dono dell'amore possano avere una copertura legale come tutti. Gesù frequentava e andava spesso incontro alle persone che vivevano ai margini, che vivevano nelle periferie esistenziali, ed è quello che la Chiesa dovrebbe fare oggi con le persone della comunità LGBTQ+, che all'interno della Chiesa sono spesso marginalizzate: farle sentire a casa, soprattutto quelle che hanno ricevuto il battesimo e che sono a tutti gli effetti parte del popolo di Dio. E chi non ha ricevuto il battesimo e desidera riceverlo, o chi desidera fare da padrino o madrina, per favore, che sia accolto, facendogli compiere un attento percorso di discernimento personale. È importante, tuttavia, che non si creino scandalo e disorientamento tra i fedeli: i vescovi e i parroci avranno la saggezza di saper considerare caso per caso. Dobbiamo accompagnare queste sorelle e questi fratelli lungo un cammino di fede, così come ha chiesto anche il Sinodo sulla famiglia, condannando con forza le discriminazioni e gli atti di violenza che vengono perpetrati verso queste persone. Troppo spesso, infatti, sono state vittime di bullismo e di gesti di pura crudeltà; anche per questo non possono e non devono essere messe alla porta, soprattutto dalla Chiesa, che purtroppo in molte occasioni le ha considerate ingiustamente delle mele marce.

Credo che sia fondamentale oggi abbandonare le rigidità del passato, allontanarsi da una Chiesa che addita e condanna, come ho voluto scrivere anche in una lettera indirizzata al prefetto del Dicastero per la dottrina della fede nel giorno della sua nomina. Questi atteggiamenti hanno fatto allontanare i fedeli: per questo è importante custodire e promuovere la fede facendoci prossimi al popolo, lasciando nell'armadio pizzi, merletti e orpelli e concentrandoci invece sul messaggio cristiano di misericordia e vicinanza.

Sono passate alcune settimane da quell'incontro, la vita alla residenza Santa Marta procede come tutti i giorni, seguendo i ritmi serrati di una struttura d'accoglienza che dà alloggio anche a un ospite speciale. È un martedì mattina, il giorno della settimana in cui, generalmente, il Papa non ha impegni pubblici e udienze private al Palazzo Apostolico. Si è messo al lavoro presto e ha acceso il lettore per ascoltare in sottofondo un cd musicale: una raccolta dei successi di Azucena Maizani, la cantante e compositrice di tango argentina a cui, nel 1970 a Buenos Aires, l'allora padre Bergoglio, suo vicino di casa, aveva dato l'estrema unzione prima della morte.

Il Pontefice è alla scrivania, sta leggendo alcuni documenti che il suo segretario gli ha consegnato il pomeriggio del giorno prima. Prende appunti, segna alcune correzioni e annota dei passaggi che andranno integrati. L'orologio segna le otto del mattino e per le otto e trenta aspetta la visita di un amico arcivescovo con cui dovrà lavorare su altri testi di natura teologica. Poi arriveranno anche il suo confessore e altre persone a cui ha dato appuntamento, segnando tutto sull'agenda personale che tiene sulla scrivania. Ha ancora mezz'ora di tempo per rileggere quei fogli su cui sta lavorando e fare anche qualche telefonata.

Ha sulla scrivania anche l'inseparabile breviario, altri fascicoli e un po' di corrispondenza. C'è la lettera arrivata da San Donato Milanese, vicino a Milano, da parte di Anna che, da quando è stata lasciata dal marito, si prende cura da sola di Nicolas, il figlio autistico che sogna di parlare con il Papa. C'è quella di un bambino di Brooklyn, negli Stati Uniti, colpito da una grave malattia, che chiede al Papa di recitare qualche preghierina per lui, e quella di un seminarista tedesco, Ludwig, che gli scrive chiedendogli supporto spirituale, a poche settimane dall'ordinazione sacerdotale.

Francesco legge con attenzione la lettera del futuro giovane prete e con la mente ritorna al 1969 quando, ormai prossimo anch'egli all'ordinazione, scrisse su un foglio quella personale professione di fede che molto spesso tira fuori dal cassetto per ritrovare quello spirito e rinnovare la sua promessa.

Voglio credere in Dio Padre, che mi ama come un figlio, e in Gesù, il Signore, che ha infuso il suo spirito nella mia vita per farmi sorridere e portarmi così al regno di vita eterna. Credo nella mia storia, che è stata trapassata dallo sguardo di amore di Dio e, nel giorno di primavera, 21 settembre, mi ha portato all'incontro per invitarmi a seguirlo. Credo nel mio dolore, infecondo per l'egoismo, nel quale mi rifugio. Credo nella meschinità della mia anima, che cerca di inghiottire senza dare... senza dare. Credo che gli altri siano buoni, e che devo amarli senza timore, e senza tradirli mai per cercare una sicurezza per me. Credo nella vita religiosa. Credo di voler amare molto. Credo nella morte quotidiana, bruciante, che fuggo, ma che mi sorride invitandomi ad accettarla. Credo nella pazienza di Dio, accogliente, buona come una notte d'estate. Credo che papà sia in cielo insieme al Signore. Credo che anche padre Duarte stia lì intercedendo per il mio sacerdozio. Credo in Maria, mia madre, che mi ama e mai mi lascerà solo. E aspetto la sorpresa di ogni giorno nel quale si manifesterà l'amore, la forza, il tradimento e il peccato, che mi accompagneranno fino all'incontro definitivo con quel volto meraviglioso che non so come sia, che fuggo continuamente, ma che voglio conoscere e amare. Amen.

Dopo aver messo via quella pagina ormai ingiallita dal tempo, alza la cornetta del telefono e compone il numero di Anna, la mamma milanese che gli ha scritto: vuole salutare Nicolas e fargli una sorpresa. Poi telefona anche alla persona che aveva incontrato qualche settimana prima e che gli aveva chiesto come immaginasse la Chiesa del futuro. Gli ha inviato per email una decina di fogli da rileggere: è il resoconto di quell'ultima udienza che, con il permesso del Papa, sarà reso pubblico come gli altri.

«Santità, c'è speranza per l'umanità?» chiede l'interlocutore dopo una breve conversazione, prima della fine della telefonata.

E il Papa risponde, mentre in sottofondo la voce suadente della tanguera *argentina riempie le piccole pause di silenzio.*

Quella domanda mi aveva fatto riflettere sulla situazione che stiamo vivendo in quest'epoca e ho capito che nel mondo o sarà pace o sarà morte, non c'è altra via d'uscita. In Europa siamo in guerra da oltre cento anni, dal 1914, e le fabbriche continuano senza sosta a produrre armi, anche adesso che il mondo è sconvolto da una terza guerra mondiale "a pezzi".

Non ho parlato fino a ora in modo approfondito del conflitto in Ucraina o di quello in Medio Oriente perché, nel momento in cui scrivo, ci sono tante iniziative in corso e le cose sono in divenire, ma ogni giorno il mio pensiero è andato e va a tutti quei popoli martoriati per i quali, con il cuore straziato di fronte alle atrocità, ho implorato al Signore il dono della pace. Ho scritto e detto tanto su queste guerre e non rimangono più nemmeno le lacrime. Ho visto immagini, ho sentito storie, ho incontrato testimoni di quelle tragedie. Ho pianto per quelle bambine e quei bambini strappati via alle loro famiglie dalle bombe o rimasti orfani, gli orfani della guerra. Quanto dolore, quanta sofferenza. E per cosa? Tutto per interessi imperialistici o per un cinismo assassino. Questo è scandaloso!

Per il conflitto in Ucraina mi sono subito messo a disposizione e dall'inizio della guerra ho ripetuto di esser disposto a qualsiasi cosa purché potessero tacere le armi. Per quello in Medio Oriente la stessa cosa: ho parlato al telefono con diversi leader internazionali che con le loro azioni possono fare la differenza e ho ricordato a tutti quanto sia importante la vita umana, che sia quella dei cristiani, dei musulmani o degli ebrei. Senza alcuna distinzione. Che colpe ha la popolazione? Perché deve pagare un prezzo così alto, trovando addirittura anche la morte? La Santa Sede ha avviato tutta una serie di iniziative diplomatiche e umanitarie che speriamo abbiano gli effetti desiderati. Ma dobbiamo impegnarci tutti, nel mondo, perché possa prevalere sempre il dialogo, perché coloro che hanno le responsabilità capiscano che le bombe non risolvono i problemi, ma ne creano di nuovi. Sin dall'inizio, abbiamo sentito vicina la guerra in Ucraina perché è scoppiata in Europa, ma non dobbiamo dimenticare che il mondo intero è flagellato da conflitti: Yemen, Siria, Repubblica Democratica del Congo, Sudan e Sud Sudan, Etiopia, Myanmar, per citare qualche altro esempio.

In molti angoli del pianeta si soffre la fame ma, paradossalmente, anziché pensare a risolvere questo problema, si continuano a comprare nuovi armamenti, a sviluppare nuove tecnologie per continuare la guerra. Ci sono Paesi che investono proprio in questo settore e che basano la propria economia sul commercio mortifero delle armi: noi come Vaticano ovviamente non lo facciamo, ma essendo anche la Santa Sede coinvolta storicamente in investimenti finanziari, sappiamo che le azioni che fruttano di più sono quelle che riguardano le fabbriche di armi e i farmaci abortivi. Questo è scandaloso!

Il futuro dell'umanità che Dio ha creato dipende dalle scelte che faremo: gli uomini tornino ad abbracciarsi, tornino a parlare di pace, a sedersi al tavolo del dialogo, o sarà davvero la fine. Io ho speranza nell'essere umano, speranza che gli uomini e le donne possano imparare dai loro errori per migliorarsi e trasmettere buoni sentimenti alle future generazioni.

Questo lavoro di autocritica va fatto anche nella Chiesa, in modo che possiamo compiere passi che non feriscano più chi è più debole e vulnerabile. Mi viene in mente la questione degli abusi: quante persone hanno sofferto, arrivando addirittura al suicidio, per colpa di qualche religioso o prete che ha abusato di loro quando erano bambini? Bisogna pensare alle vittime, ascoltarle e accompagnarle, ricordandoci che sono state accoltellate alle spalle da chi invece avrebbe dovuto proteggerle e guidarle lungo il cammino indicato da Dio. Ancora una volta voglio chiedere perdono per i peccati e per i gravi crimini che la Chiesa ha commesso verso questi figli e queste figlie e chiedo al Signore di essere misericordioso, perché quanto accaduto verso questi piccoli innocenti è davvero satanico e non può trovare alcuna giustificazione.

Mi vengono in mente i casi scoperti negli Stati Uniti, in Sud America, nell'Europa dell'Est, in Irlanda o ancora a Malta, in Spagna e in Germania, così come in Italia: la Chiesa deve lottare con tutte le proprie forze contro questa piaga e penso che la Pontificia Commissione per la tutela dei minori che abbiamo istituito in Vaticano, così come gli uffici creati nelle varie diocesi del mondo dalle conferenze episcopali, possano in qualche modo dare il loro contributo facendo la differenza per combattere questi crimini, raccogliendo le segnalazioni, denunciando gli abusatori, religiosi o laici, e anche chi insabbia. Oggi, a differenza di quanto accadeva in passato, quando mancava una legge apposita, non ci sono più privilegi: di fronte ai casi di abuso, chi è ritenuto colpevole da un tribunale dovrà scontare la sua pena, senza alcuna protezione. Basta orrori nella Chiesa! Diciamo basta a queste nefandezze che infangano il nome di Gesù Cristo!

Prima parlavo del futuro dell'umanità e di quello che può riguardare la Chiesa. Ma qualcuno negli ultimi anni, soprattutto dopo il gesto storico di Benedetto XVI, si è anche interrogato invece su quello che sarà il futuro del Papa. Fino a oggi, grazie a Dio, non ho mai avuto motivo di pensare alle dimissioni, perché quella è un'opzione che, dal mio punto di vista, si può prendere in considerazione soltanto se si dovessero presentare gravi motivi di salute. Sono sincero: non ci ho mai fatto un pensiero anche perché, come ho avuto modo di dire qualche anno fa ad alcuni confratelli gesuiti africani, penso che il ministero petrino sia *ad vitam* e dunque non vedo condizioni per una rinuncia. Le cose cambierebbero se subentrasse un grave impedimento fisico, e in quel caso ho già firmato all'inizio del mio pontificato, come fecero anche altri pontefici, la lettera con la rinuncia che è depositata in Segreteria di Stato. Se questo dovesse succedere, non mi farei chiamare Papa emerito, ma semplicemente *vescovo emerito di Roma* e mi trasferirei a Santa Maria Maggiore per tornare a fare il confessore e portare la comunione agli ammalati.

Ma questa, ripeto, è un'ipotesi lontana, perché davvero non ho motivi talmente seri da farmi pensare a una rinuncia. Qualcuno negli anni forse ha sperato che prima o poi, magari dopo un ricovero, facessi un annuncio del genere, ma non c'è questo rischio: grazie al Signore, godo di buona salute e, come ho già detto, a Dio piacendo, ci sono molti progetti ancora da realizzare.

Intanto siamo arrivati ai saluti, alla fine di questo libro, un viaggio attraverso la storia dal titolo *Life*, che in italiano si traduce "vita". La nostra vita: la mia, la tua che stai leggendo, quella dell'umanità. La vita che Dio ci ha donato e che noi abbiamo costruito a piccoli passi, compiendo scelte, raggiungendo traguardi e commettendo errori, spesso anche gravi, che ci hanno procurato dolore e sofferenza. Ma in questo contesto non va dimenticata la lezione più importante: rileggere la storia della nostra vita è importante per fare memoria e poter trasmettere qualcosa a chi ci ascolta.

Per imparare a vivere, però, tutti noi dobbiamo imparare ad amare. Non dimentichiamolo! È l'insegnamento più importante che possiamo ricevere: amare, perché l'amore vince sempre. Amando possiamo abbattere le barriere, possiamo superare i conflitti, possiamo sconfiggere l'indifferenza e l'odio, possiamo sciogliere e trasformare il nostro cuore, sbilanciandoci verso il prossimo, così come ha fatto Gesù, che si è immolato sulla croce per noi peccatori senza chiedere nulla in cambio. Un amore disinteressato che può cambiare il mondo, che può cambiare il corso della storia. Quante cose in questi ottant'anni di storia sarebbero andate diversamente se a muovere l'uomo fossero stati l'amore e la preghiera anziché la sete di potere! E, a proposito della preghiera, ricordate che il mondo ne ha sempre più bisogno: preghiamo di più! Ma mi raccomando: non dimenticatevi di pregare per me. A favore, non contro!

GLI AUTORI

JORGE MARIO BERGOGLIO è nato a Buenos Aires, Argentina, il 17 dicembre 1936, figlio di immigrati italiani. È stato ordinato sacerdote nella Compagnia di Gesù nel 1969. Nominato vescovo ausiliare nel 1992, è diventato arcivescovo di Buenos Aires nel 1998 ed è stato creato cardinale nel 2001. Nel marzo 2013 è stato eletto Papa, il duecentosessantaseiesimo Pontefice della Chiesa Cattolica, con il nome di Francesco.

FABIO MARCHESE RAGONA è vaticanista del gruppo televisivo Mediaset; segue il Papa per i telegiornali *Tg5*, *Tg4*, *Studio Aperto* e Tgcom24, canale all-news all'interno del quale conduce e cura ogni domenica la rubrica *Stanze Vaticane*. Nel gennaio del 2021 ha realizzato un'intervista in esclusiva mondiale a Papa Francesco trasmessa da *Speciale Tg5* e seguita da cinque milioni e mezzo di telespettatori.

REFERENZE DELLE CITAZIONI

Introduzione

Papa Francesco, *Messaggio per la 54esima Giornata Mondiale delle Comunicazioni Sociali*, 24 gennaio 2020; Copyright © Dicastero per la Comunicazione – Libreria Editrice Vaticana

Papa Francesco, *Udienza Generale*, 19 ottobre 2022; Copyright © Dicastero per la Comunicazione – Libreria Editrice Vaticana

Capitolo II

Papa Francesco, *Discorso in occasione della visita al memoriale di Yad Vashem, Gerusalemme, 26 maggio 2014*; Copyright © Dicastero per la Comunicazione – Libreria Editrice Vaticana

Capitolo III

Pio XII, *Radiomessaggio rivolto ai governanti ed ai popoli nell'imminente pericolo della guerra*, 24 agosto 1939; Copyright © Dicastero per la Comunicazione – Libreria Editrice Vaticana

Capitolo IV

Giovanni XXIII, Lettera Enciclica *Pacem in Terris*, n. 60, 11 aprile 1963; Copyright © Dicastero per la Comunicazione – Libreria Editrice Vaticana

Capitolo V

Paolo VI, *Messaggio ai cosmonauti Neil Armstrong, Edwin Aldrin e Michael Collins in occasione dell'impresa lunare*, 21 luglio 1969; Copyright © Dicastero per la Comunicazione – Libreria Editrice Vaticana

Capitolo VIII

Lettera di Giovanni Paolo II alla Conferenza Episcopale di Berlino del 13 novembre 1989; © Copyright 1989 – Libreria Editrice Vaticana; Copyright © Dicastero per la Comunicazione – Libreria Editrice Vaticana

Capitolo X

Giovanni Paolo II, *Udienza Generale, Mercoledì 12 settembre 2001 – Preghiera dei fedeli;* Copyright © Dicastero per la Comunicazione – Libreria Editrice Vaticana

Papa Francesco – Jorge Mario Bergoglio, *In lui solo la speranza*, traduzione di Antonio Tombolini, con la collaborazione di Giampaolo Cottini, © 2013 Editoriale Jaca Book SpA, Milano; Libreria Editrice Vaticana, Città del Vaticano per l'edizione italiana, Milano 2013, p. 35

Papa Francesco, *Documento sulla Fratellanza Umana per la pace mondiale e la convivenza comune*, 4 febbraio 2019; Copyright © Dicastero per la Comunicazione – Libreria Editrice Vaticana

Capitolo XI

Papa Francesco, *Lettera Enciclica Fratelli Tutti*, nn. 122 e 168, 3 ottobre 2020; Copyright © Dicastero per la Comunicazione – Libreria Editrice Vaticana

Papa Francesco, *Videomessaggio ai partecipanti all'incontro "The Economy of Francesco – I giovani, un patto, il futuro"*, 21 novembre 2020; Copyright © Dicastero per la Comunicazione – Libreria Editrice Vaticana

Benedetto XVI, *Discorso per la Sessione inaugurale dei lavori della V Conferenza Generale dell'Episcopato Latinoamericano e dei Caraibi*, 13 maggio 2007; © Copyright 2007 – Libreria Editrice Vaticana; Copyright © Dicastero per la Comunicazione – Libreria Editrice Vaticana

Capitolo XII

Benedetto XVI, *Saluto Di Congedo Del Santo Padre Benedetto XVI, agli Em.mi Signori Cardinali presenti in Roma*, 28 febbraio 2013, Copyright © Dicastero per la Comunicazione – Libreria Editrice Vaticana

Si ringrazia *Avvenire* per la traduzione del brano alle pp. 264-266

Capitolo XIII

Papa Francesco, *Momento straordinario di preghiera in tempo di epidemia*, 27 marzo 2020; Copyright © Dicastero per la Comunicazione – Libreria Editrice Vaticana

Capitolo XIV

Papa Francesco, Esortazione Apostolica postsinodale *Amoris Laetitia*, n. 251, 19 marzo 2016, Copyright © Dicastero per la Comunicazione – Libreria Editrice Vaticana

INDICE

EB 0000981942
SIAE
LIFE
MARCHESE RAGO
HARPERCOLLINS

Questo volume è stato stampato nel febbraio 2024
presso Rotolito S.p.A. - Milano